泉質、効能この温泉!

温泉

ONSEN

会津編

地元民

通う名湯・宿

改訂新版

温泉 ONSEN 会津

CONTENTS

温泉に入って健康になろう

●本書に記載した内容は令和５年（2023）４月時点のものです。ここで紹介した旅館・ホテル・施設・店舗の商品やメニュー、料金や各種データは随時変更となる場合がございます。
●本書で紹介した旅館・ホテル・施設・店舗の休業日は基本的に記載しておりません。また、季節や事情により臨時休業となる場合がございますので、ご利用の際には事前にご確認ください。
●本書に記載した電話番号は各所の問い合わせ用の電話番号のため、現地の施設電話番号と異なる場合がございます。車のカーナビ等での位置検索では実際の施設と異なる場所を表示する場合がございますので十分にご注意ください。
●本書に記載した料金は、別途表記がない場合、大人料金を基本としております。また、大人２人１室でオフシーズンの平日利用した時の１人あたりの料金を表示しております。ご利用人数や宿泊時期、宿泊施設のお部屋の設備、食事内容の違いによって料金は異なりますのでご注意ください。
●本書に記載した営業時間・開館（閉館）時間・入浴利用時間は季節や事情により変更になる場合がございますのでご利用の際には事前にご確認ください。
●本書に記載された内容により生じたトラブルや損害等に関しましては、弊社では補償いたしかねますので、あらかじめご了承のうえご利用ください。

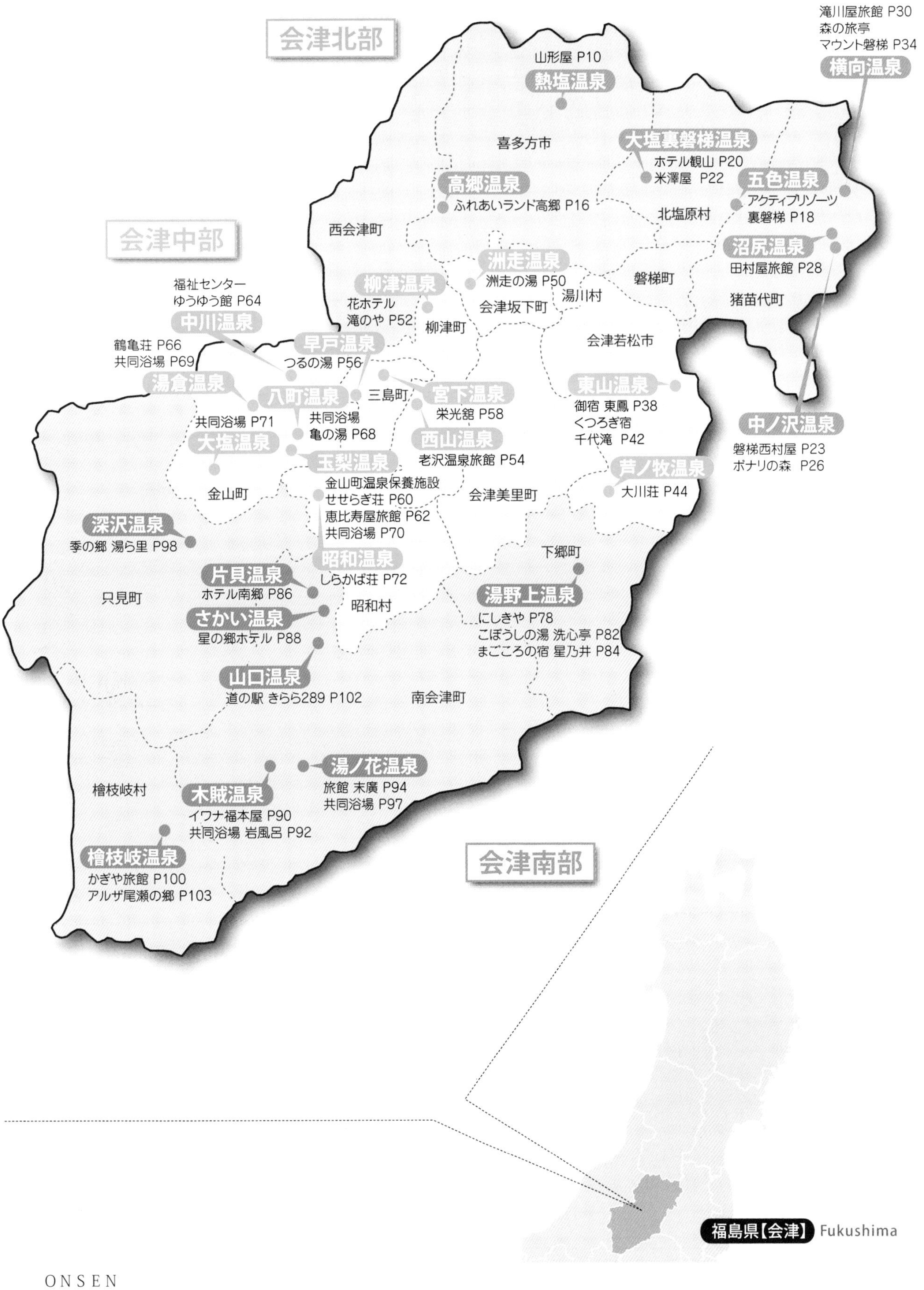
会津北部
会津中部
会津南部
滝川屋旅館 P30
森の旅亭
マウント磐梯 P34
横向温泉
山形屋 P10
熱塩温泉
喜多方市
大塩裏磐梯温泉
ホテル観山 P20
米澤屋 P22
五色温泉
アクティブリゾーツ
裏磐梯 P18
高郷温泉
ふれあいランド高郷 P16
北塩原村
西会津町
沼尻温泉
田村屋旅館 P28
洲走温泉
洲走の湯 P50
磐梯町
猪苗代町
柳津温泉
花ホテル
滝のや P52
会津坂下町
湯川村
柳津町
福祉センター
ゆうゆう館 P64
中川温泉
鶴亀荘 P66
共同浴場 P69
早戸温泉
つるの湯 P56
会津若松市
湯倉温泉
共同浴場 P71
八町温泉
共同浴場
亀の湯 P68
三島町
宮下温泉
栄光館 P58
東山温泉
御宿 東鳳 P38
くつろぎ宿
千代滝 P42
中ノ沢温泉
磐梯西村屋 P23
ボナリの森 P26
大塩温泉
西山温泉
老沢温泉旅館 P54
玉梨温泉
金山町温泉保養施設
せせらぎ荘 P60
恵比寿屋旅館 P62
共同浴場 P70
芦ノ牧温泉
大川荘 P44
金山町
会津美里町
深沢温泉
季の郷 湯ら里 P98
昭和温泉
しらかば荘 P72
下郷町
片貝温泉
ホテル南郷 P86
只見町
さかい温泉
星の郷ホテル P88
昭和村
湯野上温泉
にしきや P78
こぼうしの湯 洗心亭 P82
まごころの宿 星乃井 P84
山口温泉
道の駅 きらら289 P102
南会津町
湯ノ花温泉
旅館 末廣 P94
共同浴場 P97
檜枝岐村
木賊温泉
イワナ福本屋 P90
共同浴場 岩風呂 P92
檜枝岐温泉
かぎや旅館 P100
アルザ尾瀬の郷 P103
福島県【会津】 Fukushima

知りたい！温泉のこと

温泉とは

温泉とは昭和23年に制定された温泉法によって、地中から湧出する温水、鉱水、及び水蒸気その他のガス（炭化水素を主成分とする天然ガスを除く）で、規定の温度、又は物質を有するものと定められている。

泉温とは

温泉の温度は25℃以上で採取した時の温度により分類される。冷鉱泉でも一定以上の物質を含んでいると温泉法で温泉とされる。

［25℃以下］　冷鉱泉
［25℃～34℃］　低温泉
［34℃～42℃］　温泉
［42℃以上］　高温泉

泉質とは

泉質はどんな物質が溶け込んでいるかで決まる。源泉採取の温度が25℃以上または、治療目的に適した8つのいずれかの物質を含む温泉を特に療養泉と定義している。

単純温泉

泉質が25℃以上で、温泉水1kg中に溶存物質が1000mg未満。pH8.5以上のものをアルカリ性単純温泉と呼ぶ。

塩化物泉

温泉水1kg中に溶存物質が1000mg以上あり、陰イオンの主成分が塩素イオンのもの。会津でも多い泉質で、陽イオンの主成分により、ナトリウム－塩化物泉、カルシウム－塩化物泉、マグネシウム－塩化物泉などに分類される。

炭酸水素塩泉

温泉水1kg中に溶存物質が1000mg以上あり、陰イオンの主成分が炭酸水素イオンのもの。陽イオンの主成分により、ナトリウム－炭酸水素塩泉、カルシウム－炭酸水素塩泉、マグネシウム－炭酸水素塩泉などに分類される。

二酸化炭素泉
温泉水１kg中に遊離炭酸が１０００㎎以上含むもの。入湯すると全身に炭酸の泡が附着する日本でも珍しい泉質。

硫酸塩泉
温泉水１kg中に溶存物質が１０００㎎以上あり、陰イオンの主成分が硫酸イオンのもの。陽イオンの主成分により、ナトリウム－硫酸塩泉、カルシウム－硫酸塩泉、マグネシウム－硫酸塩泉などに分類される。

含鉄泉
温泉水１kg中に総鉄イオン（鉄II及び鉄III）を20㎎以上含有するもの。陰イオンによって炭酸水素塩型と硫酸塩型などに分類される。温泉が湧出して空気に触れると、次第に鉄の酸化が進み赤褐色になる特徴がある。

硫黄泉
温泉水１kg中に総硫黄２㎎以上含有するもの。単純硫黄型と硫化水素型に分けられ、日本では比較的多い泉質。タマゴの腐敗臭に似た特有の臭いは硫化水素によるもの。

酸性泉
温泉水１kg中に水素イオンを１㎎以上含有しているもの。多くの場合は遊離の硫酸や塩酸の形で含まれ、強い酸性を示す。

放射能泉
温泉水１kg中にラドンを30の百億分の一キュリー単位以上含有しているもの。会津地方にはない。

【pH値】
pH値とは水素イオン濃度の意味で酸性かアルカリ性か示すもの単純温泉の場合はpH8.5以上のものをアルカリ性単純温泉、pH7.5～8.5未満を弱アルカリ性という。

※「会津温泉図鑑２０１５ VIVA SPA AIZU」（あいづふるさと市町村圏協議会）参照

温泉地に着いたら

足湯に行こう！

湯どころ会津には
気軽に温泉気分を楽しめる足湯処がたくさん。
ドライブの途中に立ち寄ってもよし。
これから温泉地に向かうなら気分も上がること間違いなし。
雪深い会津なので冬期休業の施設もある。
冬は確認してから出かけたい。

東山温泉

足湯処

［会津若松市］

中心部にある足湯処。「神秘の小径」「岩山の小径」「からり妓の小径」の３つの散策コースからも近く、散策後の疲れをとるのにおすすめ。

時間／10:00 ～20:00（冬期休業）

駐車場／２台

問／会津東山温泉観光協会

0242-27-7051

芦ノ牧温泉

かがやき公園の足湯と足湯 足ポッポ

［会津若松市］

2015年11月にオープンしたかがやき公園に新しい足湯が誕生。山の上から温泉街を見下ろすことが出来る。屋根はないが見事な眺望。足湯足ポッポは大川荘前の栗山へ階段を登って行ったところにある東屋風の足湯。どちらも悪天候でなければ冬期も利用可能。

時間／8:00 ～夕方まで

駐車場／２台

問／会津芦ノ牧温泉観光協会　0242-92-2336

柳津温泉

ほっとinやないづ 湯足里

［柳津町］

道の駅会津柳津傍にある広大な足湯公園。駐車場も余裕があるのでゆっくり浸かれる。

時間 9:00 ～16:00

駐車場／60台

問／憩の館 ほっとinやないづ

0241-41-1077

熱塩温泉

示現寺足湯

［喜多方市］

温泉場の中心部にある示現寺内の足湯。小さい足湯処だが熱く塩辛い湯をまずここで味わってみては？

時間／日の出～日没（冬期休業）

駐車場／60台

問／熱塩温泉旅館協同組合

0241-36-3138

会津北部の温泉

会津北部には安達太良山、磐梯山、飯豊山地など標高２０００ｍ級の峰々が連なる。山沿いは沼尻、中ノ沢の硫黄泉、横向にみられる含鉄泉、熱塩の強食塩泉というような火山帯ならではの豊富な湯量と成分が強めで個性的な温泉が多い。裏磐梯、表磐梯、猪苗代湖の四季を通した美しいロケーションも魅力の一つ。磐越道・磐越西線に近く、首都圏からの交通が便利なのもいい。

熱塩温泉
大塩裏磐梯温泉
高郷温泉
五色温泉
横向温泉
喜多方市
北塩原村
西会津町
沼尻温泉
猪苗代町
中ノ沢温泉
磐梯町

熱塩温泉

【山形屋】喜多方市

熱塩温泉は、示現寺の開祖、源翁和尚が発見し、開湯650年余の歴史がある。熱塩の名のとおり熱く、塩分が強い。体の中から温まり、婦人病、慢性皮膚炎、胃腸病などに特効がある。古くから湯治場として親しまれ、別名「子宝の湯」とも呼ばれる。熱塩温泉の入り口には「子育て地蔵尊」がある。

【熱塩温泉の伝説】

土用丑の日の丑の刻　地中で大蛇の霊が騒ぎ出し、温泉の色が濁る。しかし、これには特別な効能があると言い伝えられ、明治から大正にかけてはこの時間に合わせ、熱塩温泉の宿々が多くの入浴客でにぎわったといわれる。

遠い日の思い出と感動に出会える 忘れかけた懐かしき田舎

福島県と山形県の県境に位置し、押切川流域に広がる喜多方市熱塩加納町。ここには日本人が忘れかけた懐かしい田舎の姿が息づいている。

　永和元年、当地に示現寺を開いた源翁禅師が、神託を受けて開湯したと伝えられるのが、現在の熱塩温泉である。熱塩の名のとおり源泉温度が65・5℃と熱く、塩分が強いのが特徴で、神経痛やリウマチ、胃腸病、婦人病などに効果があるとされ、古くから湯治場として親しまれてきた。

　熱塩温泉・山形屋は、露天風呂や大浴場、サウナはもちろん、木酢液ジャグジー、森林浴と高台からの風景を眺めながら、「炭」をふんだんに使った絶景野天「足浴」が楽しめたり、「炭」の持つ優れた効果を活かした木竹炭低温サウナ「チャコール

森林温泉「足浴」

大浴場／時間で男湯と女湯が入れ替わる。熱塩の名湯を「押切川」（左）と「ひめさゆり」２つの風情で

バーデン」も楽しむことができる。

食事は、もちろん「一流の田舎」にふさわしい厳選した地元食材にこだわり、地元のものを讃え、地ものの良さを活かし、創作料理という物語に仕上げた、山形屋ならではのおもてなし料理。

身も心も芯から温める熱塩の名湯と一流の田舎のおもてなしをぞんぶんに味わうことができる温泉、それが熱塩温泉なのでだ。

あの頃…と、口にしただけで、なんだか口の中が酸っぱくなる。そんな子供の頃の想い出が誰にでもあるはず。懐かしさ、それは遠い日の母の「懐（ふところ）」。そんな思いに包まれるようなひとときがきっと待っているはずだろう。

山形屋のここをCHECK

日本のナイチンゲール 瓜生岩子は山形屋館主 瓜生家の先祖！

貧児救済をはじめ数多くの社会福祉事業に貢献し、また戊辰戦争では敵味方なく負傷兵の看護にあたるなど活躍した瓜生岩子（山形屋の館主瓜生家の先祖）。その業績を讃えて示現寺境内に銅像が建てられ、今もなおその徳が慕われています。

炭の力

山形屋では「炭」の持つ不思議な力を全館に取り入れています。「炭」が発するマイナスイオンは細胞を活性化させ、自然治癒力を高めます。

日本初の"炭の低温サウナ"は山形屋ならではの癒やし施設

熱塩温泉　山形屋

■施設データ
喜多方市熱塩加納町熱塩字北平田甲347-2
TEL　0241（36）2288
料金／1泊2食付
　17、750円〜
（消費税込・入湯税150円別途）
日帰り6、750円〜（税込）

■温泉データ
泉質／塩化物泉
温度／64・3℃
効能／神経痛・筋肉痛・関節痛・切傷・慢性婦人病・疲労回復など

■アクセス
車利用／磐越自動車道会津若松ICより30分
鉄道利用／JR喜多方駅より車で20分

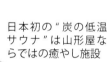

高郷温泉

【ふれあいランド高郷】

喜多方市

山の高台から飯豊連峰を一望
肌に優しい美人の湯

■温泉データ
泉質／アルカリ性単純温泉
温度／54℃
効能／神経痛・切傷・やけどなど

高郷温泉「ふれあいランド高郷」は、地下1300mの太古のロマンあふれる地層から湧き出る温泉で、無色透明、無味無臭の刺激が少なく肌に優しい泉質です。美肌効果があり「美人の湯」とも呼ばれている。また保湿力があり、温かさが長く持続する特徴のある温泉である。露天風呂、大浴場、泡風呂、薬草風呂、水風呂、うたせ湯、サウナなどを楽しむことができる。

自然に囲まれ解放感のある広々とした露天風呂は、山の高台にあるため、飯豊連峰の美しい景色を一望できる。

名物は、会津高郷産の良質な玄そばを100%使用し、つなぎなしで手早く打ち上げる『雷神そば』。1本1本コシのあるそばで、上品な香りとツルッとした喉ごしがたまらない逸品である。雷神そばのほか、一品料理やご飯メニューなど多数取揃えている。

「そば打ち体験」も随時受け付けている（要予約、1人様から体験OK！）。

また、18ホールあるパークゴルフ場は、国際パークゴルフ協会公認のコースとなっており、子供から大人まで楽しむことができる。用具レンタルもしているので、ご家族や仲間でいつでも気軽にプレイを楽しむことができる。

大昔、会津は海だった？！

カイギュウランド高郷

喜多方市高郷町は、古くから珪化木・貝類化石が多く産出する土地として江戸時代の会津藩士田村三省も「会津石譜」で紹介している。この地は2300万年前は深い海で、その後の地殻変動により徐々に浅くなり、入り江～汽水湖化し800万年前ころに陸地化したこと、その後も阿賀川という大河が流れつづけていたことなどの偶然が重なり多種多様な生物が生息していたとみられる。

1970年以降、クジラ、カイギュウ、サメの歯化石などが相次いで発見され、それらは高郷郷土資料館に収蔵。その後、塩坪橋の架け替え工事の際にもおびただしい数の化石が発見され、閉校した小学校校舎の有効活用も含め、それらの展示の移転が検討され、教室の雰囲気を残したまま2010年７月に開所した。

■アクセス
車利用／磐越自動車道会津坂下ICよりＲ49から25分
鉄道利用／ JR磐越西線荻野駅から送迎車10分（要予約）

ふれあいランド高郷の ここを CHECK

温泉以外にも家族で楽しめる施設がたくさん！

飯豊連峰も一望できる温泉保養施設。子供から大人まで楽しめる国際パークゴルフ協会公認のパークゴルフ場。県道16号にある看板が目印。近くに絶世の美女といわれている「小野小町の墓」がある

雷神そばの由来

ふれあいランド高郷と隣りあっている「雷神山スキー場」には、雷神様の祠があって、古くから人々の信仰を集めている。

人々は雷神様に祈って、落雷の恐ろしさから逃れ、またその年の豊作を祈ったりした。干天の年には、養笠姿で雷神山に登り、鐘を鳴らして「雨ターモレタイシャクヨー西カラ雲マイカレー」カンカンカンと雨乞いの祈りをしたものである。雨乞いの効果はてきめんで、慈雨に恵まれると、人々は「雨絵ごと」と称して、寄り集まっては、そばを打ち、笹団子を作っては酒のみをしたといわれている。

喜多方市温泉保養施設
日帰り温泉「ふれあいランド高郷」
■施設データ
福島県喜多方市高郷町揚津字袖山甲3054番地の9
TEL.0241-44-2888
入場料／大人（1日） 500円
　　　　小人（1日） 300円
（17:00以降は、大人 300円、小人 150円）
パークゴルフ利用料／
大人 300円、小人 200円
パークゴルフ道具レンタル／200円
定休日／火曜日（祝日の場合は翌日）
営業時間／９:00 ～21:00
http://www.frtspa.co.jp

五色温泉
【アクティブリゾーツ裏磐梯】
北塩原村

スキーやハイキング後の疲れた体を癒やす

露天風呂

囲炉裏焼「松柏亭」

大パノラマな景色が広がるティーラウンジ

昭和62年のホテル創業時に掘りおこした自家源泉を使用しており、五色温泉と称してお客様をもてなしている。

ガラス張りの大浴場は外の光を十分に取り込んでおり、壁による圧迫のない開放的な空間をつくり出すことにも成功している。

また、何と言っても五色温泉露天風呂だ。1882年の磐梯山噴火によって飛来したと言われる大岩を運びこみ、木々をあしらったつくりである。四季折々の裏磐梯がそこにはあり、中でも紅葉や雪景色は絶景。

五色温泉は、五色沼の散歩、裏磐梯のハイキング、冬はスキーで疲れた身体を癒やすのに一役買っているのだろう。日帰り温泉は15時から。

五色温泉　アクティブリゾーツ裏磐梯

■施設データ

耶麻郡北塩原村大字桧原字剣ヶ峯1093-309

TEL.0241-32-3121

料金／1泊2食付（夕食・朝食）11,500円～(税込)

■アクセス

車利用／磐越自動車道猪苗代磐梯高原ICから20分、もしくは東北自動車道福島西ICから60分

鉄道利用／ JR磐越西線猪苗代駅よりバス利用で25分

水面に映る紅葉の美しさ（五色沼遊歩道〈柳沼〉）

噴火で生まれた岩をそのまま積み上げた絶景露天風呂

また、和洋取り揃えた食に関しての充実も見逃せない。

「松柏亭」は、懐石料理や郷土料理を提供。季節の食材をいろり焼きにして、落ち着いた夕餉を楽しみたいものだ。要予約なので注意。

ダイニングルーム「四季」は、ホテル自慢のシェフが素材探しから腕によりをかけた和洋総合レストラン。バイキングでは郷土料理や地元名物料理がメニューにあり、会津ならではといった食事も楽しめる。

居酒屋・味のれん炉端コーナーも営業しており、話し声のやまないアットホームな雰囲気が漂う。入浴後に立ち寄ってみては。

部屋は一室一室ゆったりとしたつくり。また、まくらやディスプレイに備長炭を用い、リラックス空間をつくり出した部屋もある。部屋数が限られているので事前に確認を。

またカラオケバー（事前予約）やティーラウンジもあり、館内施設も充実。赤べコや起き上がり小法師の絵付け体験（有料）も開かれる。

目前には五色沼、諸橋近代美術館などの名所があり、宿泊のみならず観光の拠点や休憩所として利用していただければとのこと。ランチや日帰り温泉を目当てに立ち寄るのもいいだろう。

大浴場

ホテル観山では、塩姫と呼ばれる姫が入浴していたという伝説から、「塩姫の湯」と称している

大塩裏磐梯温泉

北塩原村

【ホテル観山】【米澤屋】

旧米沢街道の宿場の一つ
山塩の産出地で塩分の濃さが特徴

北塩原の国道459号線を裏磐梯方面へ進むと見えてくる、大塩裏磐梯温泉。

180段の階段を昇るとある温泉神社は、温泉街を山上から見守っているようだ。

山間に湧き出る塩湯を引いて利用している。源泉は45℃と熱め。

泉質はナトリウムカルシウム塩化物温泉というもので、塩分濃度が海水の三分の一ほどにもなる。サラサラとした無色のお湯でありながら、なめると少ししょっぱい。

塩分による治癒効果もあるとのことで、特に皮膚病、あせも、神経痛の改善が期待される。話によると、杖をついたおばあさんが、2、3日の宿泊で杖を手放すほどまでになったこともあ

大塩裏磐梯温泉　ホテル観山
■施設データ
耶麻郡北塩原村大塩裏磐梯温泉
TEL.0241-33-2233
料金／１泊２食付 14,450円～（税込）
日帰り入浴　700円

るそう。この効能を求めて大塩裏磐梯温泉を訪れる人も多く、またリピート客の多さの理由でもあるだろう。

湯守さんにおすすめの入り方をたずねると、とても丁寧に教えてくださった。入浴前にゴシゴシと肌をこすると、入浴時に塩分による刺激を強く受けてしまうかもしれないので優しく洗うこと。また肌にとてもいいので、入浴後も流さずに出るのがおすすめとのこと。これで湯上がりの肌はつるつるだろう。

また、塩分には保温効果もあり、湯冷めすることなく湯上がりの身体もぽかぽかだ。

ホテル観山、米澤屋では内湯で塩湯を楽しむことができる。

温泉由来は、平安時代初め頃、塩不足のこの地に訪れた弘法大師により、塩湯を沸き上がらせたのが始まりとされている。以来塩湯から山塩を製造し、戦国時代には、既に会津藩御用塩となっていたという。

また現在も大塩裏磐梯の山塩は、全国から大好評である。

■温泉データ
泉質／ナトリウムカルシウム塩化物温泉
効能／皮膚病・あせも・神経痛他

■アクセス
車利用／磐越自動車道会津若松ICからR121・R459、40分
裏磐梯猪苗代磐梯高原ICから裏磐梯・桧原ビューライン、R459、40分
鉄道利用／ JR磐越西線喜多方駅下車、バスで20分

大塩裏磐梯温泉　米澤屋
■施設データ
耶麻郡北塩原村大塩4447
TEL.0241-33-2221
料金／１泊２食付 13,200円～
（税込）

上／源泉を焚き上げる釜
下／大人気の山塩商品

大塩裏磐梯温泉のここをCHECK

塩不足から生まれた山塩が会津藩御用塩に！

海塩と比べるとほんのり甘みが強いのが特徴。源泉を汲み上げて１００ℓから繰り返し濃縮し、わずか１kgの山塩となる。現在は調理用塩のみならず、塩羊羹、塩飴など商品化もすすんでいる。また、ホテル観山では山塩を用いた枝豆ごはん、米澤屋ではイワナの塩焼きなどで味わうこともできる。地元の山塩ラーメンも人気だ。

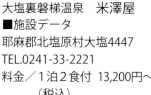

中ノ沢温泉

猪苗代町

【磐梯西村屋】

浸かればピリピリ、上がればさらり
湯治場で名高い、別名「塩抜きの湯」

右／大きな岩で区切られるような岩風呂。時間で男女が入れ替わる
上／貸切ができる家族風呂。平日の予約がない時間帯はご自由にどうぞ

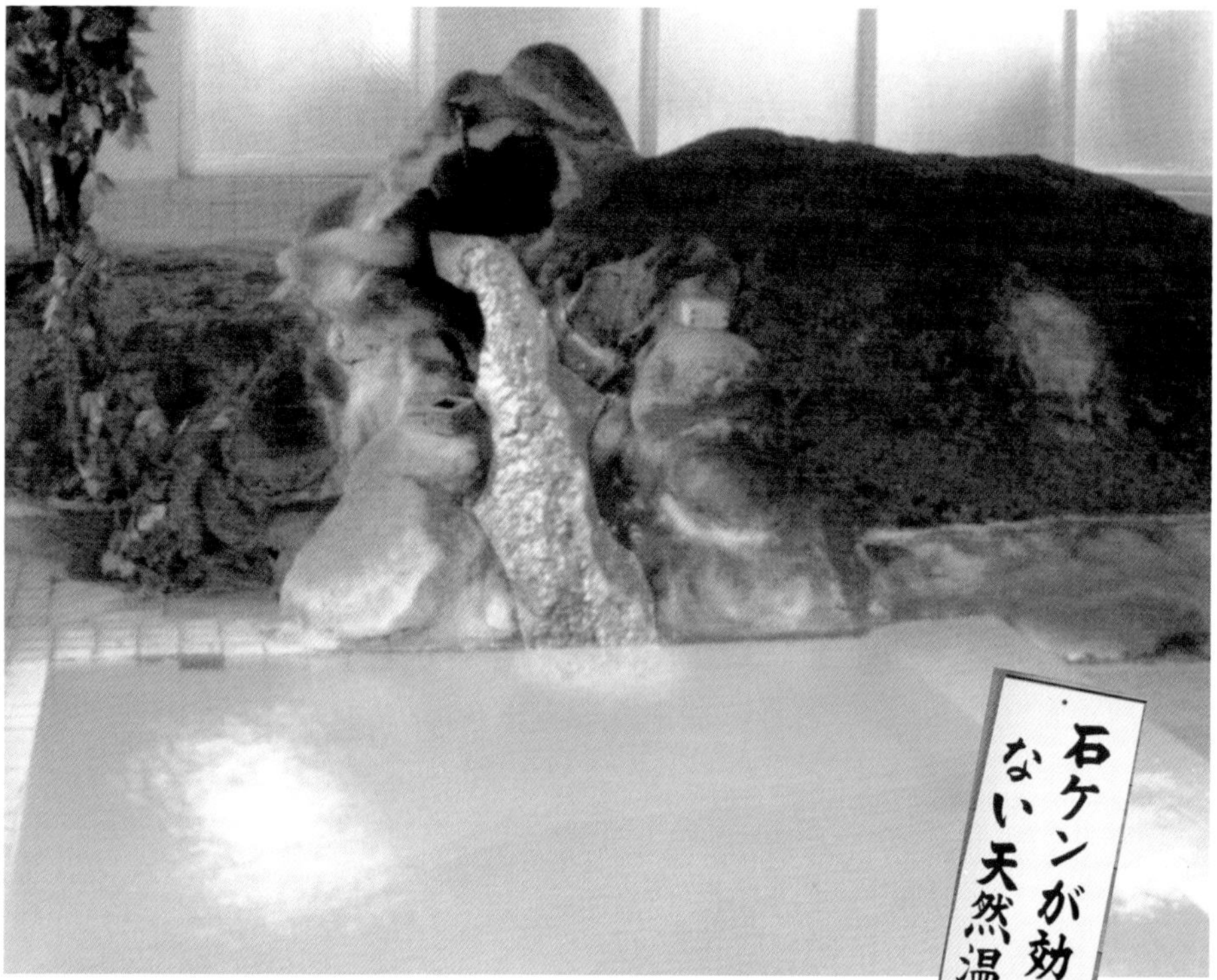

石ケンが効かない天然温泉

酸が強いからです

まろやかで効能豊かな極上の湯
どこか懐かしい温泉宿

国道115号線を中ノ沢温泉の標識に従って進む。途中、沼尻温泉とスキー場への道に分かれるが、そのまま真っすぐ1kmほどで温泉街に着く。

中ノ沢温泉の湯は酸が強いので皮膚から入ってアルカリになるところから、昔から治療を目的とした湯治場として名高い。

温泉の歴史をたどれば元禄時代に遡って、会津領と二本松領で硫黄の採掘権や湯脈権、湯の花の採取などを巡って争いが絶えなかったという。

開湯した頃からほとんどの旅館が代々変わることなくその場所で営業を続けている。強い硫黄の泉質は、元湯からの中継点に何箇所か設けられているタンクの金属の腐食を早めたりする。眺めがいいからと高階に浴槽を作ることも難しいが、そのおかげで治療、保養の場としての評判を保ってきた。

毎分約9000ℓの湧出量を誇る源泉から約6km引き湯される間にガスが抜かれ、湯もみされ温泉街まで下がってくる時には調度よい温度になってかけ流されている。別名「塩抜きの湯」と呼ばれ、浸かればピリピリした肌触り、上がれば独自の爽快感を感じることができる。

温泉街の東端に位置する『磐梯西村屋』は渓流の川の音を聞きながら入る露天風呂が自慢。冬は雪見で、夜は満点の星空が愉しめる。水害で少々削られてしまったため渓流は見えづらく

中ノ沢温泉街

露天風呂へは外履をはいて。すぐ真下を渓流が流れる。リスやカモシカなど野生の動物たちに出会えるかも

なってしまったが、ホタルや小動物の往来を稀に見ることもでき大自然を満喫できることには変わりはない。

他に浴場の真ん中に大きな岩が横たわる大岩風呂、家族風呂がある。大岩風呂は時間で男女入れ替え制だが、家族風呂は平日の空いている時間ならいつでも入ることができる。

どの風呂も熱く短時間でも温まってしまう。白濁した湯は温泉成分や湯の花が豊富な証拠。じんわりと治癒されているような感覚になる。

玄関や館内にはレトロなソフビ人形が所狭しと並び、昭和などこか懐かしい雰囲気を醸し出している。エプロン姿で応対している宿の方とお客さんのやりとりも聞いていて楽しく、のどかな雰囲気に心が和む。

中ノ沢温泉　磐梯西村屋

■施設データ
耶麻郡猪苗代町中ノ沢温泉
TEL.0242-64-3311
料金／1泊2食付 10,550円〜（入湯税、消費税込）
入浴のみ 700円
日帰り入浴 10:00 〜15:00 混雑時は早期終了
（14：00 受付終了）

■温泉データ
泉質／硫酸塩硫化水素泉
効能／胃腸病・リウマチ・糖尿病・創傷各種婦人病・高血圧・水虫・動脈硬化症など生活習慣病

■アクセス
車利用／磐越自動車道磐梯熱海ICから20分。猪苗代磐梯高原ICより30分
鉄道利用／ JR磐越西線猪苗代駅からバスで30分

眺望が美しい露天風呂「やませみの湯」

中ノ沢温泉

【ボナリの森】猪苗代町

湧出量は日本一
澄んだ空気と
豊かな自然に包まれ
名湯・中ノ沢の湯に浸る

大きな窓の向こうに展開する猪苗代の自然美を眺めながらの湯浴みはリラックス効果大（大浴場「かわせみの湯」）

中ノ沢温泉　ボナリの森
■施設データ
耶麻郡猪苗代町蚕養沼尻山甲2855-550
TEL.0242-64-3333　FAX.0242-65-3335
料金／１泊２食付　大人 12,250円〜(消費税、入湯税込)
入浴のみ 800円
日帰り入浴 11:00〜15:00（混雑時は利用不可の時もあり）

上／近年人気の和室ベッドルームが充実。ファミリーやグループでの利用に最適な和室もある
下／人気の麓山高原豚のしゃぶしゃぶ。会津の郷土料理はもちろん、県産の食材で宿泊客をもてなす

中ノ沢温泉街から達沢不動滝へ続く道沿いにある宿。温泉街から少し離れたところに位置しているが、源泉は同じで、この宿でも胃腸病、リウマチに効能がある硫酸塩化水素泉の湯に浸かることができる。安達太良山中より湧く中ノ沢温泉は日本一の湧出量を誇る。近年、湯脈が細くなる温泉地の話を耳にするが、ここは開湯から４００年たった今も豊富な湯量で旅人を癒す。

　源泉掛け流しの大浴場は「かわせみの湯」と「やませみの湯」。どちらの内風呂も大きな窓から陽が差し込み、広々とした空間で湯浴みができる。

　違いは露天風呂だ。「かわせみの湯」の露天風呂は野趣溢れる岩造り。近くを流れる川の音が良く似合う。一方の「やませみの湯」は湯船の縁に古代檜を使った露天風呂。中ノ沢温泉は源泉温度68・3度という熱さが自慢の一つで、宿では時間をかけて湯を溜めることで湯温を調整しているという。柔らかな湯にゆっくりと身を沈めれば、鳥の声、木々のざわめきに包まれながら至福の時を過すことができるだろう。

　会津の文化を食で味わう夕食は「会津ＢＵＫＥ和膳」を用意。郷土料理のこづゆや山菜などに加え、麓山高原豚や黒毛和牛のしゃぶしゃぶ、山塩を使った鳥なべなど県産の食材も取り添える。季節やプランによって料理は変わるが、ぜひ酒どころ福島が誇る地酒と一緒に召し上がってほしい。

　大型旅館の充実した設備を備えながら会津の自然美を近くに感じることができる宿である。

■アクセス
車利用／磐越自動車道磐梯熱海IC、または猪苗代ICから20分
鉄道利用／ JR磐越西線猪苗代駅からバスで35分
送迎あり（要予約）

石造りの露天風呂「かわせみの湯」

沼尻温泉

【田村屋旅館】猪苗代町

単独湧出口の源泉湯量としては日本一級
強めの硫黄泉がアトピーに効く！

沼尻温泉は、宝暦元年（1751年）の開湯以来の歴史と伝統を誇り、大自然に囲まれた閑静で素朴な湯の里として親しまれている。

国道115号から少し逸れ、まるで別世界へ誘われるかのような木々のアーチを抜けたところに、田村屋旅館がある。

田村屋旅館は明治19年に創業、大正9年に現在地へ移転してきた。以来時の流れを止めたかのような、どこか懐かしい佇まいで訪れる客の心を癒やし続けている。

泉質は硫黄泉で、胃腸病やリウマチ、神経痛、糖尿病、皮膚病にも効能がある。実際に子どものアトピーが治ったという事例もあり、その効果は実証済みだ。

それを支えているのが豊富な湯量であり、一つの源泉からの湧出量としては日本一を誇る。源泉から湧き出た湯は浴槽に注ぐばかりでなく、自然の岩肌からも豪快に流れ出しており、「白糸の滝」として観光客の目も楽しませている。

浴槽は全て檜風呂。漂う木の香りと優しい肌触りが、入浴者をよりリラックスさせてくれる。

なかでも必見なのは2階の大浴場に併設されている露天風呂。四季の移ろいを鮮やかに映し出す庭園が魅力で、四季折々の風情を感じながら、身も心も芯から温まる。

有名な観光地やレジャー施設が近いことも魅力の一つ。五色沼や吾妻小富士、不動の滝、沼尻スキー場、ボナリ高原ゴルフクラブと、老若男女問わず楽しめるスポットが目白押しだ。当旅館ではこうした観光地やレジャー施設への送迎も行っている（応相談、別途費用負担あり）。

手軽な日帰り入浴でも十分楽しめるが、周辺の大自然を満喫し、遊び疲れた身体を癒やしながら旅の余韻に浸るのも良いだろう。

老舗旅館の雰囲気を漂わせるフロント。到着後はゆったりとしたロビーで一息。落ち着きある客室で荷物を解いたあとは木の香漂う浴室へ

沼尻温泉　田村屋旅館
■施設データ
耶麻郡猪苗代町蚕養字沼尻山甲2855
TEL.0242-64-3421
料金／１泊２食付 10,000円〜(税込)
日帰り入浴　10:00〜17:00（800円）

■温泉データ
泉質／硫黄泉
効能／胃腸病・リウマチ・神経痛・皮膚病・糖尿病・切創など

■アクセス
車利用／磐越自動車道猪苗代磐梯高原ICから20分、もしくは磐梯熱海ICから母成グリーンライン30分
鉄道利用／ JR磐越西線猪苗代駅からバス等利用で20分

横向温泉

【滝川屋旅館】猪苗代町

巨大な安山岩がドンと座る　大自然の恵みを感じる古湯

浴場は女湯と混浴のみ
貸切にもできるのでご安心を

会津若松市から土湯峠を上っていくと横向大橋にさしかかる。橋を渡ってすぐに横向温泉の標識に左折。上り・下り線の合流後、標識を確認して左の緩やかな傾斜道を下ると横向川沿いに一軒のみの宿がある。下の湯、『滝川屋旅館』である。

　横向温泉の発見は寛文元年（1661）、湯小屋を建てて開湯したのはその200年後の文久年間（1861〜）になってからであり、旅籠として本格的に開業したのはずっと後の明治19年だという。それから100

左上／中ノ沢こけしのろくろで削られたという格子手摺
左下／看板犬のけんしろう君と滝川屋玄関。時の流れと風格を感じる

年以上の歴史を刻む。

　玄関には二千年余前の箕輪山噴火時のものではないかという、びっくりするほど大きい安山岩が、壁の一部のように取り込まれている。なぜ、という質問には、家の方が後から建てたのだから……という明解な答え。

　上り框の左手の鴨居の上には、「寛文元年八月十五日」という日付の大きな木板の温泉成分表が掲げられている。枝分かれはしているが、開祖から数えて当代が十六代目。宿は阿部さん夫婦が切り盛りしている。

　浴室は長い階段を下りてゆく。風呂は混浴か女湯の２つ。混浴といっても予約は１日２組限定なので、はち合わせることは少ない。女性専用の時間帯や貸切の時間を設けてもらうこともできる。

　お湯は湯底から湧き上がる自噴型。一枚の岩盤の裂け目からボコボコと湧き出している。困ったことは平成23年の東日本大震災でお湯の温度が下がってしまったこと。

　以前は総桧風呂の浴槽を二つに区切り、湯壺に溜めたお湯と湯底から湧き上がる熱いお湯でちょうどいい温度に調整されていた。「お湯をいじってはなら

ぬ」というのが家訓なので、浴槽にもう一つ仕切りを加え、温度を調整している。確かにぬるめのお湯だが30分も入れば体も温まり心地よい。

女湯はさらに温度が下がってしまったので夏場のみ入浴可。どうしても入りたければ入れるようだが、晩秋の時期は厳しそうだ。

「お客さんには予約を受ける際にうちのお湯はぬるいですよとお伝えしています。シャワーもないです。それでも了承いただける方に来ていただいています」と女将さん。

お客は完全予約制でそれ以外はとらない。食事の材料を一つひとつ吟味するため、突然の申し込みでは材料が揃わないからというのがその理由だ。

夕食には昔ながらの味を活かしてアレンジした手作り料理が食べきれないほどに並ぶ。天然の食材だけを使った料理はいずれも優しい味わい。体の内側が浄化されるようだ。

早くに逝った先代がそば粉を挽くために作ったという水車小屋。今でも変わらずに回り続ける。女将さんたちはいつかここで挽いた粉でそばを打ってみたいそうだ

横向温泉　滝川屋旅館

■施設データ

耶麻郡猪苗代町大字若宮字下の湯甲2970

TEL.0242-64-3211

料金／２名様以上

１泊２食付 24,350円（税込）

１名様（平日のみ）

１泊２食付 28,750円（税込）

■温泉データ

泉質／単純泉含有炭酸鉄泉

効能／切傷・やけど・胃腸病・貧血・皮膚病・眼病・婦人病

■アクセス

車利用／東北自動車道福島西ICよりR115、40分

磐越自動車道猪苗代磐梯高原ICよりR115、30分

鉄道利用／ JR磐越西線猪苗代駅からタクシー等利用30分

「会津八湯」の内風呂（上）と露天風呂（左）

横向温泉

【森の旅亭　マウント磐梯】　猪苗代町

磐梯吾妻スカイライン近くに湧く
日本屈指の鉄分含有量を誇る名湯
磐梯朝日国立公園の森に囲まれ
温泉浴と森林浴の一挙両得

福島県中部にそびえる安達太良連峰には野地温泉（福島市）や鷲倉温泉（福島市）など、いくつもの湯が湧く。

土湯峠西麓に位置する横向温泉もその一つ。ここは福島県で初めて湯治が行われた温泉として知られ、中の湯旅館創業者が病気の療養を目的に「中の湯」（廃業）を開いた。「マウント磐梯」はその別館としてオープン。湯治場からはじまった「横向温泉」が、もうすぐ100年を迎える。

宿の自家源泉は二つあり、併

横向温泉　森の旅亭 マウント磐梯
■施設データ
耶麻郡猪苗代町大字若宮字上ノ湯甲2985
TEL.0242-64-3911
料金／1泊2食付　大人 9,900円～（消費税込、入湯税別）
日帰り入浴 700円（10:30～16:00）
https://mount-bandai.co.jp

宿では「人生前向き　温泉は横向」と入浴後に合言葉を言うと、限定タオル配布中（数量限定）。詳しくは館内ポスターをチェック。（写真上は「梵天の湯」）

■アクセス
車利用／東北自動車道福島西IC、または二本松ICから35分
磐越自動車道猪苗代磐梯高原ICから30分
鉄道利用／ JR磐越西線猪苗代駅下車、タクシー30分

せて毎分600ℓの豊富な湯が湧く。この湯は高峰鉄山の湯脈から湧き出る鉄分炭酸泉を多く含んでいて、鉄分そのものが源泉と一緒に湧き出て、浴槽の底に沈殿するほど湯の成分は濃い。源泉そのものは無色透明、無味無臭。湯口まで一度も空気に触れることなく運ばれ、湯船に注がれる時に鉄成分が酸化、茶褐色を帯る。

観光の拠点ともなるこの大型の施設には、趣の異なる2タイプの浴場がある。一つは「会津八湯」。全身湯や打たせ湯、微温湯、寝湯など、効能の異なる八つの浴槽が並び、湯めぐりが愉しめる。もちろん、すべての浴槽が源泉掛け流しだ。

もう一つの「子宝の湯」は、大きな内湯に石造りの「天恵の湯」と岩風呂の「梵天の湯」の二つの露天風呂を備える。すぐ脇を高森川が流れ、対岸には深い森が広がる。野趣溢れる雰囲気が極上の開放感をもたらす。

宿を囲むブナの原生林には遊歩道が整備されている。散策しながら森林浴を満喫するのも非日常の旅の醍醐味だろう。

会津中部の温泉

会津若松の奥座敷として賑やかな顔を見せる東山温泉や芦ノ牧温泉。洲走温泉や津尻温泉などの田園の中にある一軒宿。只見川やその支流に湧出する山奥の秘湯。金山町の良質な炭酸泉は全国でも珍しい。温泉郷での散策の楽しみ、人里離れた宿でのふれあいもまた魅力がある。

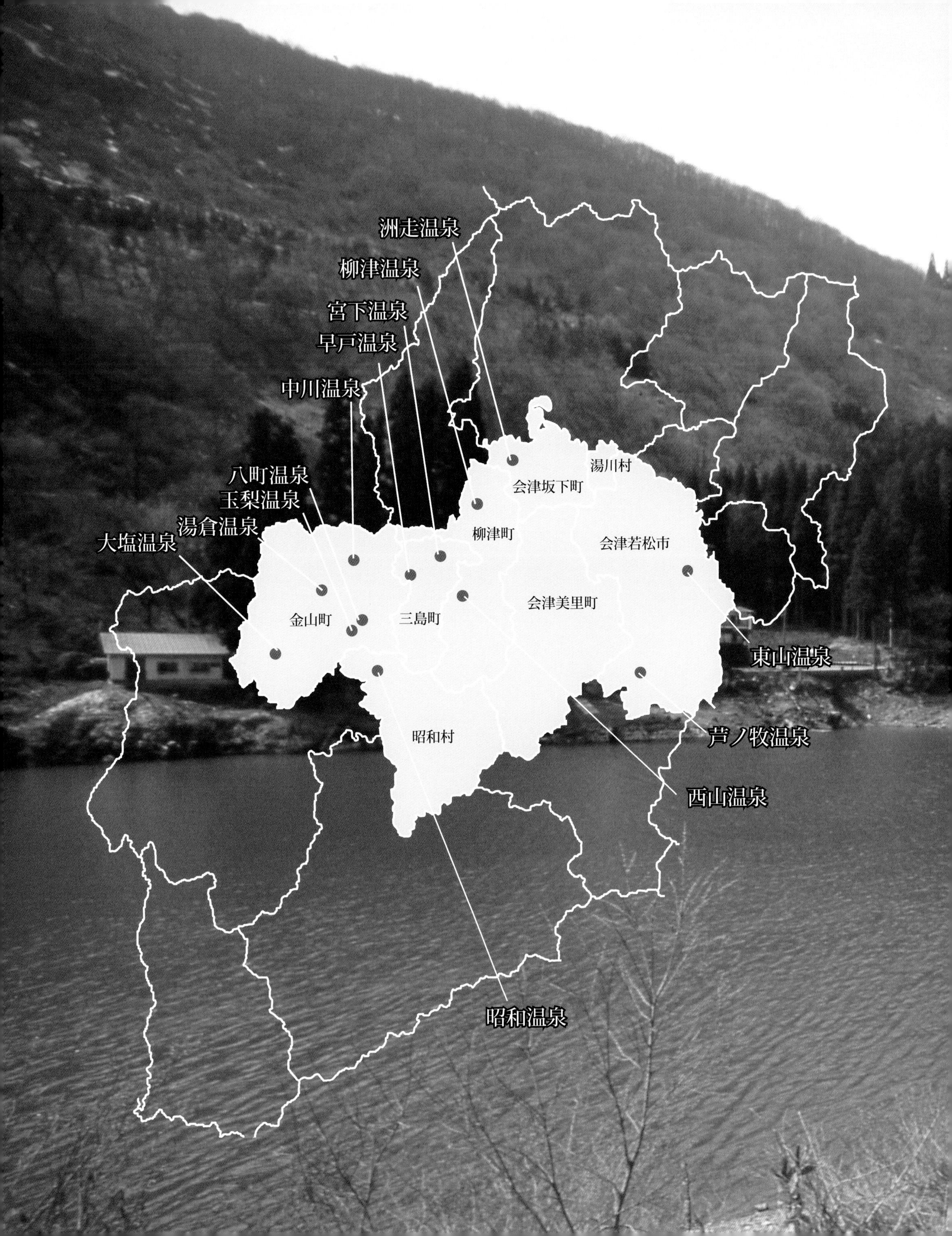
洲走温泉
柳津温泉
宮下温泉
早戸温泉
中川温泉
八町温泉
玉梨温泉
湯倉温泉
大塩温泉
湯川村
会津坂下町
柳津町
会津若松市
金山町
三島町
会津美里町
昭和村
東山温泉
芦ノ牧温泉
西山温泉
昭和温泉

東山温泉

【御宿 東鳳】

会津若松市

城下町会津若松の奥座敷、東山温泉。
湯川渓谷沿いの豊かな自然の中に、
その温泉街はある。
開湯は１３００年前に遡り、
奈良時代の高僧、行基によると語り継がれる。
以来、東山温泉は、
時の為政者の保護も受け栄えてきた。
寺社と自然と人々との交流は、
東山に独自の文化を育み、
その歴史は数々の物語に彩られている。

左／客室から展望風呂までをつなぐ宙の道

会津若松市の中心部から車でおよそ10分も走ると、東山温泉の入り口に着く。道は山側と川側の二手に分かれ、やがてまた合流する。この二筋の道沿いに、17軒の温泉旅館が立ちならぶ。

温泉街を縫うように水しぶきを上げながら城下町へと下っていくのは湯川。標高1081mの会津布引山から東山ダムに貯められた後、温泉街に注ぎこむ。四季折々に移り変わる渓流美は東山に魅力を添え、川沿いには歴史ある旅館が多く残る。

民謡『会津磐梯山』に、「東山から日にちの便り　行かじゃなるまい　顔見せに」と謡われるように、東山は会津の名所として名高い。明治後半には、山形県の湯野浜、上山とともに「奥羽三楽郷」に数えられ、賑やかな温泉街として栄えてきた。

また、東山から背炙山へ続く峠は、古くは白河へとつながる重要な公道だった。豊臣秀吉も東北仕置のために奥州へ下る際には、この道を通ったという。険しい山越えの道は、今では自然公園として整備されている。

―引き継がれる芸妓という文化―

東山温泉は、伝統的な芸妓文化のある今では希少な温泉場のひとつでもある。

東山芸妓の歴史は古く、江戸初期の湯女がその始まりと伝えられる。大正末期に置屋制度ができてからは独自のしきたりや芸能が、先輩芸妓から若手芸妓へと伝承されてきた。

昭和40年から50年代には150名もの芸妓衆がいたという。その後、年々数を減らしてはいるが、今でも、唄三味線、鳴物と華やかな舞、お座敷遊びが宴席を盛り上げる。

東山芸妓は「からり妓さん」とも呼ばれ、誰でも気軽にお座敷文化を体験できるプランも用意されている。（東山芸妓の問い合わせは会津東山観光協会まで）

東山温泉の入り口にさしかかるその前から、真っ先に威風堂々見えてくるのが御宿東鳳だ。

東山温泉
■温泉データ
泉質／硫酸塩泉（カルシウム・ナトリウム-硫酸塩・塩化物温泉）
湯量／毎分 約1,500リットル
源泉温度／50℃～60℃
効能／切傷・やけど・慢性婦人病・慢性皮膚病・動脈硬化・関節のこわばり・打ち身・くじき・筋肉痛・神経痛などの諸症状

東山温泉　会津東山温泉観光協会
■協会データ
会津若松市東山町大字湯本滝の湯110
TEL.0242-27-7051

行基菩薩によって勧請されたといわれる羽黒山神社。元旦の朝には多くの人が1225段の階段を登り初詣に訪れる

城下を見下ろす展望露天風呂と会津を味わい尽くすバイキング専属パティシエの彩り豊かなスイーツも魅力

　会津地区では最大規模を誇る御宿東鳳は、チャペルや神殿、バンケットホール、大小の会議室などの施設も備える。

　フロントからロビー・ラウンジに続く大空間はゆったりと開放感があり、お茶やコーヒー、ソフトドリンク類が自由に飲めるサービスがうれしい。

　東鳳の自慢のひとつは立地を生かした展望風呂。「宙《そら》の湯」と「棚雲《たなぐも》の湯」のふたつの露天大浴場は、標高300mの高台にあり、まるで空に浮かんでいるような開放感が楽しめる。温泉街の中でも最も市街地に近く、眼下に会津若松市内が望めるのも魅力。とくに夕暮れから夜にかけてはゴールデンタイムだ。天空の湯に浸り、夕陽が若松城下を紅く染めながら、越後山脈に沈んでいく刻一刻を眺める至福は、忘れがたい思い出になるはずだ。

　食事にもまた東鳳のこだわりが詰まる。食事処「あがらんしょ」には、会津の郷土料理や名物料理はじめ、会津の食材を味わい尽くす料理の数々が並ぶ。ひとしなひとしな、和洋それぞれ専門のシェフが腕をふるう逸品で、その数は約七十種にも及ぶというから驚きだ。熱いものは熱いうちに味わえるライブキッチンもうれしい。そして四季折々の食材を利用したスイーツの数々が、まるで洋菓子店のようにショーケースに並ぶ。

昭和36年開業の東鳳は、地元客の利用も多い。二世代にわたり結婚式を挙げ、子どもの誕生や年祝いのため、家族で繰り返しここを訪れる。人生の節目の舞台に、東鳳が世代を超えて選ばれ続ける理由は、さまざまな客層やニーズに応えるオールマイティでハイクオリティなおもてなしだ。

東鳳の広いロビーは地域に開かれた場としてギャラリー的な役目も果たす。クリスマスのイベントでは、地元の高校の吹奏楽部が、アトリウムで演奏会をおこなった。地域の人々と宿泊客が時間と空間を共有する試みは、今後さらに広がりそうだ。

上／食事処 あがらんしょ。下／バイキング料理（一例）

会津・東山温泉　御宿 東鳳
■施設データ
〒965-0813
福島県会津若松市東山町
TEL.0242-26-4141（予約）※請求次第申込条件書面送付
FAX.0242-26-4570
料金／1泊2食付 13,000円～(税込)　※本館2名1室ご利用の場合
日帰りプラン（入浴と夕食バイキング 17:30 ～21:00）　5,500円～(税込)
※要予約
日帰り入浴（12:30～20:00）平日　大人（中学生以上）1,000円
子供（3歳～小学生）500円　※バスタオル、タオル無料レンタル
※当日の利用状況によりお断りする場合がございます。※要問い合せ
https://www.onyado-toho.co.jp/

温泉施設の再生と眺望を生かし、魅力ある地域づくりに貢献したとして、第27回（平成20年度）福島県建築文化賞・特別部門賞を受賞

■アクセス
車利用／会津若松駅から約15分
会津若松駅から無料シャトルバスあり（要予約）

東山温泉

【くつろぎ宿 千代滝】

会津若松市

最上階の展望風呂から街並みと夕陽を望む

東山の湯めぐりと会津地酒推しの宿

旨い酒と地元料理を堪能し、のんびり湯めぐりを楽しみたいなら、食・酒・湯が自慢の「くつろぎ宿千代滝」はいかがだろう。

食事は、こづゆや鰊の山椒漬けなど伝統的な郷土料理に加え、山菜やきのこ、地元野菜や地鶏など旬の食材をふんだんに使った創作会津郷土料理をビュッフェスタイルでいただく。

夕食会場には、30種以上の会津地酒が用意されている。また、季節に合わせてセレクトされた五銘柄の飲み放題サービスを利用できるのも、地酒推しの宿らしくてうれしい。

福島といえば全国新酒鑑評会で、毎年金賞獲得数日本一を誇る酒処。その半数以上を占めるのが会津の酒だ。豊かな水と上質の米、夏は暑く冬は寒さ厳しいという気候的な条件も揃い、会津では江戸初期から酒造りが盛んにおこなわれてきた。伝統と歴史を背負い、今でも40あまりの酒蔵所がしのぎを削る。

東山温泉　くつろぎ宿 千代滝

■施設データ

〒965-0814 福島県会津若松市東山町湯本寺屋敷43

TEL.0242-26-0001　電話受付時間：9:00～20:00

料金／1泊2食付 14,800円～(税込)

http://www.kutsurogijuku.jp/

■アクセス

JR磐越西線・会津若松駅下車。周遊バスで「会津武家屋敷前」まで約15分。「会津武家屋敷前」から電話をすれば（TEL.0242-26-0001）約5分で迎えにきてくれる。

夕食後の午後8時半からは日本酒バー「地酒の館」がオープン。そこでは、希少な銘柄も含め会津の地酒を心ゆくまで楽しめる。

さらに、ライブラリーラウンジのフリードリンクコーナーでは、コーヒーや紅茶だけでなく、地酒、焼酎、梅酒も用意され、ゆっくりとくつろぐことができる。

お風呂は10階の展望風呂「遊月の湯」と2017年に完成した2階の半露天風呂「ふもと湯」のふたつ。

遊月の湯は、会津城下町と温泉郷の夜景を望み、天気の良い日には満天の星空が広がることも。一方、ふもと湯は、山裾の自然を身近に感じる空間になっている。

姉妹館「新滝」のお風呂へ湯巡りができるのも大きな魅力だ。東山温泉の中心部、川沿いに建つ新滝は、会津藩士や土方歳三が傷を癒やし、竹久夢二や与謝野晶子など多くの文人墨客に愛された歴史ある宿。千代滝から徒歩4分ほどの道のりは、レトロな温泉場の雰囲気を残し、路地からひょいと芸妓さんが顔をのぞかせそうだ。

新滝の秘湯感ただよう源泉かけ流しの湯は、ヒノキや大理石、自噴風呂と、それぞれに特徴があり、湯めぐりの醍醐味を満喫できる。

千代滝に泊まるなら、急ぎ足ではもったいない。食、酒、湯をのんびり時間をかけて味わいたい。

山麓のここちよい風を感じるふもと湯（左）、ゆったりと過ごしたいライブラリーラウンジ（右）

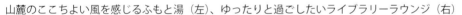

芦ノ牧温泉

【大川荘】会津若松市

会津の領主も癒した湯 渓谷に栄えた温泉街

　会津若松市街地から車で30分ほど国道121号線を南下する。大川渓谷をまたぐのが芦ノ牧大橋だ。高い橋の上から両側に芦ノ牧の温泉街を見渡すことができる。現在宿泊施設は8件、東山温泉に並ぶ会津若松市の二大温泉地だ。

　芦ノ牧温泉はいつ誰によって発見されたか。伝説では千数百年の昔、旅の老僧によって発見されたと伝えている。旅の老僧とは、弘法大師とも行基上人とも。学問が一般に普及していない当時の社会で、僧侶は最高の文化人であり、新知識の所有者であった。僧侶よる温泉発見の伝説は確かに全国に例が多い。

　地名の起こりは「芦名の牧」。会津領主芦名家の軍馬放牧地であったという説が知られている。この地は河岸段丘の集合で一本

夜には幻想的な雰囲気となる「四季舞台 たな田」

かつて「ぼんのくぼ」と呼ばれた辺境の地
子宝の湯としての信仰もある美肌の湯

の馬柵棒によって放牧馬の散逸を防げる優れた地形であったようだ。温泉街として発展したのは昭和42年に芦ノ牧大橋が開通してから。それまでは川を渡し舟が行き交う、湯治というよりは療養地であった。

芦ノ牧温泉の泉質はナトリウム・カルシウム―硫酸塩・塩化物泉。無色澄明で無味無臭である。保温効果に優れ、体の芯から温まる。

川沿いに建つ一際大きな温泉宿が大川荘だ。館内の大きな窓からは四季折々の大川の渓谷美が見渡せる。ここの一番の魅力は何といっても大自然の絶景だろう。客室からものんびり大川の流れを眺めることができる。

絶景を活かした温泉も魅力だ。広々とした内湯、3段の段々畑をイメージした珍しい造りの絶景露天風呂「四季舞台 たな田」。こちらは3ヵ所でお湯の温度が異なる。緑豊かな非日常的な空間に時の流れを忘れるほどだ。

宿泊はもちろん日帰りプランも多数用意されている。ロビー下の舞台では毎日三味線演奏が催され、宿泊客をもてなす。

右／四季舞台 たな田（男湯）
左／広々とした大浴場
下／風格ある看板と玄関。常にスタッフがお出迎え。入浴後は館内のカフェで一休み。ロビー下の舞台では生演奏など楽しいイベントが催される

宿の近くには観光名所がたくさんあるが、郷土の食をいただきながら、一日ここで贅沢に癒やされるのもいいじゃないか。

芦ノ牧温泉　大川荘

■施設データ

会津若松市大戸町大字芦ノ牧字下平984
TEL.0242-92-2111（代）
料金／プラン・客室グレードによって（要問合せ）
16,650円～(税込)
日帰り　入浴のみ（フェイスタオル付）1,500円
http://www.ookawaso.co.jp

■アクセス

車利用／東北自動車道白河ICからR289、75分
磐越自動車会津若松ICからR118、35分
鉄道利用／ JR磐越西線会津若松駅からバスで45分
(無料送迎バス有、要予約)
会津鉄道芦ノ牧温泉駅、送迎バスで５分

■温泉データ

泉質／ナトリウム・カルシウムー硫酸塩・塩化物温泉
効能／動脈硬化症・切傷・やけど・慢性皮膚病・虚弱児童・慢性婦人病

芦ノ牧温泉

あの日あの時
あがっせ写真館

（資料協力　会津芦ノ牧温泉協同組合）

∽芦ノ牧温泉のなりたち∽

千数百年むかし、旅の僧侶によって温泉が発見されたと伝えられる。

その僧侶は、弘法大師か行基上人であったという。

芦ノ牧は、磐梯恵日寺からも遠く、時の勢力にも強い支配を受けず、古い記録にはあまり残されていない「幻の村」であった。

名の由来は、会津中世の殿様・芦名氏の軍馬放牧場「芦名の牧」からきているとも言われている。


大川の西側と対岸の小谷に数軒の湯治場があっただけだった芦ノ牧温泉。戦後、このままではいけない！と立ち上がったのが、いし万旅館創設者である江川幸氏でした。昭和26年から旅館経営に奔走し、昭和27年には温泉開発委員会を発足。こうして観光温泉地としてのスタートをきったのです。

昭和28年頃の芦ノ牧

いやし処「あがっせ」

「あがっせ（お上がりください）」とお客さまを招く、芦ノ牧の休憩所です。

小谷温泉

いし万の開業

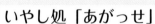

昭和30年頃の芦ノ牧

大川荘の開業

温泉への知識や資金の不足など、温泉地開発へは前途多難でした。しかし、ボーリング、土木、発電などの面で様々な人の力を借りて、次々と旅館が開業されていきました。

ボーリングテスト風景

旧小谷温泉と芦ノ牧温泉の渡し舟

芦ノ牧大橋開通式

小谷温泉と芦ノ牧温泉の間には大川(阿賀川)が流れており、お互いの移動は渡し舟を使っていました。しかし高度経済成長の中、交通の便を考えると、橋が必要だという声が出てきます。こうして昭和42年、芦ノ牧大橋が開通したのです！

洲走温泉

【洲走の湯】会津坂下町

田園の中の一軒宿
トロリとした優しいすべすべの湯
一週間でアトピーがきれいになった例も

昭和初期に建てられた建物。以前は杉皮葺き屋根の曲り家風だったという

国道49号線の坂下の街中を過ぎて右に曲がり、旧片門小学校を過ぎて行くと広々とした田園風景が広がり、大きな橋を渡ってしばらく行くと山を背にして二階建ての建物が見えてくる。

「洲走の湯」の源泉は江戸時代末期に発見され、150年以上の歴史がある。創業以来、「みんなの田舎」のような寛ぎの空間を提供している。

この湯の泉質は無色透明、とろりとした肌触りが特徴の優しいすべすべとした湯で、皮膚病と神経痛、リウマチに効果があるとされている。特にアトピー性皮膚炎には大変効果があり、一週間も入り続けるときれいに治ると評判である。ペットボトルで持ち帰りもできるので試してみるのもいい。あせもや湿疹にもよく効くとのこと。確かに、風呂上りには肌がつるつるになる。

湯の効能を求め、遠方からわざわざやって来る人も多いという。

湿疹も治るとおばあちゃんたちもおすすめの湯である。

■温泉データ
泉質／アルカリ温泉　20℃加熱
効能／神経痛・リウマチ・胃腸病・切傷・婦人病

■アクセス
車利用／磐越自動車道会津坂下ICから５分
鉄道利用／ JR只見線会津坂下駅下車、タクシーで15分

洲走温泉　洲走の湯
■施設データ
河沼郡会津坂下町片門百刈47
TEL.0242-85-2658
料金／日帰り湯治 1,400円
半日湯治 800円　入浴のみ 500円
（９:00 ～20:30）

柳津温泉

柳津町

【花ホテル　滝のや】

福満虚空藏菩薩のお膝元
信仰の里に上がる湯けむり

柳津温泉　花ホテル 滝のや

■施設データ

河沼郡柳津町寺家甲153

TEL.0241-42-2010

料金／日帰り入浴（一人500円）

１泊素泊り１名 6,350円（税込）

営業／年中無休、9:00～17:00

https://hanahotel.jp

■温泉データ

泉質／塩化物泉　源泉56.3℃

効能／切傷、末梢循環障害、うつ状態、皮膚乾燥症ほか

■アクセス

車利用／磐越自動車道　会津坂下ICからR252を約８分

鉄道利用／ JR只見線会津柳津下車、徒歩約11分

古くより信仰を集める福満虚空藏菩薩圓藏寺の門前町として発展してきた柳津は、南北朝期に三十六の宿坊が甍を連ねたと伝える。この地が西山から湯を引き温泉地デビューしたのは昭和30～40年代頃。のちに町民が組合をつくり、圓藏寺敷地内で源泉を掘り当てた。

その汲み上げてフレッシュな湯がどうどうと湯船に注がれた時の感動を教えてくれたのは四代目となる「花ホテル滝のや」当主だ。初代がこの地で小料理屋を始め、只見川のダム工事に伴い宿となる。最上階にある温泉大浴場には循環無しの掛け流しの湯が溢れ、温泉街を見下ろしながら湯を楽しめる。屋上露天風呂も開放感たっぷりで気分がいい。

近年は五代目が戻り、会津北西部産のソバ１００％をつなぎなしで打つ。隣の弘法大清水を用いており、喉越しと歯ざわり良く評判も高い。

西山温泉

【老沢温泉旅館】柳津町

湯屋の温泉神社を祀る
たん切りの湯

浴室へは老沢川畔まで少し急な階段を下りていく

■温泉データ
泉質／硫化水素泉
効能／喘息・切傷・皮膚病

■アクセス
車利用／磐越自動車道会津坂下IC から25分
鉄道利用／JR只見線会津坂下駅下車、タクシーで20分

西山温泉　老沢温泉旅館
■施設データ
河沼郡柳津町大字五畳敷字老沢114
TEL.0241-43-2014
料金／１泊２食付 9,900円（税込）
自炊 4,400円（税込）
入浴のみ 500円（要確認）

磐越道の会津坂下インターを降りて、国道49号線を横切り、252号線へ進む。柳津の福満虚空蔵尊を過ぎてしばらく行くと、西山温泉の大きな看板が目につく。そこを左に曲がり、谷あいをしばらく走ると谷あいの川に沿って西山温泉郷が見えてくる。

西山温泉の歴史はかなり古く、養老元年（717）に上の湯と下の湯が発見され、寛永2年（1625）に荒湯が、新湯は安永元年（1772）にそれぞれ発見されたと伝わるが老沢の湯の発見年代は不明とされている。現在は西山温泉と総称されているが5軒の宿が独自の源泉を持っている。

老沢温泉旅館は、明治9年に建てられた。老沢川の川岸に降り、急な階段を下りるとコンクリートの浴槽が3つ並んでおり、そこに温泉神社が祀ってある。掲げられた幟は病癒えた湯治客が奉納することが多いという。この源泉は79℃。3つの温度の浴槽を作れるようお湯の量を加減して温度を変えており、水で温度を下げることはしないので源泉をそのまま楽しむことができる。浴槽の掃除は毎日一つずつ行っているそうで、その日もっとも熱い湯が満たされている。

ここはたん切りの名湯と言われ、全国から喘息に苦しむ人が評判を聞いてやって来る。「子どもの頃ここにきて喘息が治った。お陰さまで……と言って子どもを連れて来る人もいんだがら……」とおかみさんが嬉しそうに話す。喘息の他、傷や火傷にも効くそうだ。

湯治客は自炊もできるようになっているので長期滞在もできる。年配のご夫婦が、混浴だからいいと来られる方も多いとか。温泉効用もさることながら、気ままにのんびりの静養が何よりの薬になる、そんな宿である。

「温泉の効果がでるのは嬉しい」。
長年湯治客を見守るおかみさん

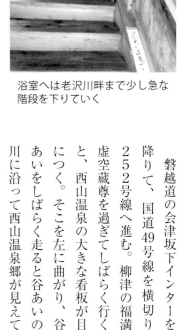

早戸温泉

【つるの湯】三島町

かけ流しの湯は淡褐色の湯へ変化
古くから湯治場として親しまれてきた
会津屈指の名湯
万病の効能に加え
只見川渓谷の四季の移ろいを五感で
堪能することは何よりの薬湯になろう

雄大な只見川の眺望が楽しめる露天風呂

早戸温泉　つるの湯

■施設データ
大沼郡三島町早戸湯ノ平888
TEL.0241-52-3324
料金／日帰り入浴　3時間まで（大人 600円、子供 400円）
１日（大人 1,200円、子供 800円）
営業／年中無休、10:00～20:00（最終受付は30分前）
https://www.okuaizu-tsurunoyu.jp

■温泉データ
泉質／ナトリウム塩化物温泉　52℃
効能／切傷・やけど・骨折・胃腸病・皮膚病・神経痛

■アクセス
車利用／磐越自動車道会津坂下ICからR252を30分
鉄道利用／ JR只見線早戸駅下車、徒歩10分

広々とした内湯の心地よさに時を忘れる。
効能が期待できそうな褐色の湯だ

１２００年もの昔、只見川大渓谷の巨岩の下に湧き出る清冽な温泉に一羽の鶴が傷ついた足を浸してたちまちに治した、という伝説が「早戸温泉つるの湯」の開湯の由来。古くから湯治場として親しまれてきた会津屈指の名湯で、奥会津の山奥に位置しながらも新潟や関東圏からわざわざ足を運ぶ湯治客が多い。

　お湯はほどよい熱さで身体がよく温まり、湯上がりは厳冬期でもいつまでも身体がぽかぽかして冷めない。源泉は53・5℃で、泉質はナトリウム塩化物温泉。加熱加水なしの天然薬湯１００％で、かけ流しにした淡褐色の湯が湯船に満ちる。外傷や術後の回復、疲労回復に大きな効能があるとされ、その他、皮膚病、やけど、婦人病、神経痛などにも効果がある。また、飲泉による消化器病への効能も認められる。

　つるの湯の魅力は薬湯の効能だけではない。露天風呂からの只見川渓谷の眺望はまさに奥会津を象徴する絶景。春は鮮烈な新緑の息吹と桜花爛漫、夏は薫風香る深緑と朝夕に立ち昇る幻想的な川霧、秋は鏡面の川面の上下に展開する錦秋屏風絵巻、冬は時間が止まったかの如き水墨画のような雪景色。深山幽谷の春夏秋冬の移ろいを癒やしの薬湯に身を浸しながら五感全体で堪能できる温泉だ。

　入浴後は休憩室（無料の大広間と有料個室）で只見川の景色を眺めながらくつろぐのもよし、併設する「お食事処つるや」やＩＯＲＩ倶楽部が運営する「つるのＩＯＲＩカフェ」で地元食材を使った食を愉しむのもよし。また、自炊設備のある湯治棟もあり、ご家族でのんびり宿泊しながら心ゆくまで温泉と絶景を堪能するのもおすすめ。

上／湯治棟
下／つるのＩＯＲＩカフェ
左／つるの湯二階休憩室

宮下温泉

【栄光館】三島町

雄大な只見川の渓谷美を望む
自慢の源泉掛け流し風呂
国内外の観光客はもちろん
地元民からも愛される
奥会津おもてなしの名宿

只見川の夏の風物詩、川霧

■温泉データ
泉質／ナトリウムー塩化物・硫酸塩・炭酸水素塩泉
適応／神経痛・筋肉痛・関節痛・痔・冷え症・くじき・慢性消化器の病・運動マヒ・こわばり・病後回復など

会津地鶏のとりわさや豚しゃぶ、馬刺し、米なすの田楽、季節の料理が並ぶ夕食膳

■アクセス
車利用／磐越自動車道会津坂下ICから20分
鉄道利用／ JR只見線会津宮下駅から徒歩10分

只見線会津宮下駅から徒歩10分、只見川の支流、大谷川の川岸にある宿。只見線の人気スポット、只見川第一橋梁へは車で5分、また「アーチ三兄弟」が近くにあり、全国の鉄道ファンのみならず、奥会津を訪れる観光客、インバウンド客が多く訪れる宿である。

　昭和45年創業、現在は三代目の女将が切り盛りする栄光舘の自慢は、雄大な只見川の渓谷美を眺めながら入浴できる大浴場だ。L字形の窓の向こうには宿のすぐそばを流れる大谷川とエメラルドグリーンに輝く只見川の合流地点を望み、さらにその奥には奥会津の深い森が四季折々の美しい表情を見せる。夏場、気象条件によっては只見川特有の川霧を間近に見ることもできる。

　窓と同様、L字型の湯船には三島町が令和2年に新しく掘った源泉が掛け流しになっている。古くから胃腸にいいといわれる湯はナトリウム炭酸水素塩泉。源泉の温度は63度で、湯量を調整することで適温が保たれている。よく見ると湯の中に湯の華が舞っている。肌触りが柔らかい湯は、時間を忘れていつまでも入っていられそうだ。

　明るく木の温もりに満ちた館内には6～10畳の客室が14室あり、いずれも清潔で居心地のいいしつらえ。窓を明ければ涼しい川風が入りこみ、気持ちがいい。夏の夜には宿の周りを飛び交うホタルを見ることもできる。

　夕食には会津地鶏のとりわさなど心づくしの料理が並び、更けゆく夜を愉しめる。名湯と宿のもてなしの心が、のんびりと過ごす奥会津の一夜を味わい深く演出してくれる。

宮下温泉　栄光舘
■施設データ
大沼郡三島町宮下字塩水4113
TEL.0241-52-2636
FAX.0241-52-2642
料金／1泊2食付 14,960円～(消費税込、入湯税 150円別途)
日帰り温泉　9：00～19：00
(大人 600円／小人 300円)

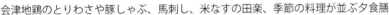

玉梨温泉

金山町

【金山町温泉保養施設　せせらぎ荘】

炭酸の微細泡が体を包む
やさしい美肌の湯

　金山町の中心部となるJR会津川口駅正面から昭和村に向かう坂道を上がり、しばらく走ると右手下の野尻川沿いに、異なる泉質の温泉が向かい合っている。八町温泉と玉梨温泉だ。それぞれ無人の共同浴場を有し、鄙びた風情にファンも多い。古くから胃腸病、特に二日酔いの名湯として親しまれてきた。

　町の保養施設として始まり、近年リニューアルされた「せせらぎ荘」は日帰り専門。これまでの湯のほか新しい源泉が加わって、大浴場でふたつの湯を楽しめるようになった。その「大黒湯」は〝サイダー温泉〟と別称されるほどに炭酸を多く含み、よく温まる。美肌効果の高いメタケイ酸も豊富で、この温泉水で化粧水なども作られており、良いお土産になるはず。

　会津では数少ない飲泉のコーナーもあり、胃腸病をはじめさまざまな悩みに期待が大きい。

玉梨温泉　金山町温泉保養施設 せせらぎ荘
■施設データ
大沼郡金山町大字玉梨字新板2049-1
TEL.0241-54-2830
料金／日帰り入浴（中学生以上500円／小学生300円）
営業／年中無休、9:00～21:00
http://ss-onsen.com

■温泉データ
泉質／大黒湯　含二酸化炭素ーナトリウムー炭酸水素塩・塩化物・硫酸塩温泉　源泉36.8℃
玉梨温泉　ナトリウムー炭酸水素塩・塩化物・硫酸塩温泉　源泉45.9℃
効能／大黒湯　切傷、うつ状態、皮膚乾燥症、自律神経不安定症ほか
玉梨温泉　切傷、やけど、慢性皮膚病、動脈硬化症、慢性婦人病ほか

■アクセス
車利用／磐越自動車道　会津坂下ICから　R252ーR400約46分
鉄道利用／ JR只見線会津川口下車、タクシー約８分

玉梨温泉

【恵比寿屋旅館】　金山町

野尻川の清流をはさんで
2つの源泉が楽しめる魅力の宿

玉梨地区では七福神像が見られる。こちらは玉梨温泉の先にある御神木の下に佇む福禄寿

会津川口駅から野尻川に沿って国道400号線を走ると、恵比寿屋旅館が右手に見えてくる。

　ここは、玉梨、八町の2つの源泉を楽しめる旅館だ。天然炭酸温泉、露天風呂、内湯、清流の中の足湯を楽しめる。

　玉梨温泉は若草色をした鉱物たっぷりのかけ流し源泉で、リウマチに効くと言われる。内湯の温度が43～44℃と熱めで、シュワっと炭酸を感じる。

　胃腸にいいと言われる八町温泉はこれまで混浴の共同浴場でしか入ることができなかったが、平成30年に恵比寿屋旅館でも利用できるようになった。その源泉を引いているのが貸切風呂「月と太陽」だ。湯温38℃の炭酸泉八町温泉はシュワシュワ感がたまらないと評判だ。八町温泉の共同浴場では玉梨温泉からも湯を引いていて、ブレンドされた湯になっているが、この恵比寿屋の風呂では八町温泉の源泉に浸かることができる。

　また、ここは会津の名酒が味わえる温泉宿。〝ちょいリッチ純米おためし地酒セット〟で呑み比べができる。お酒は一升瓶で呑むのが一番うまい。ここでは一升3500円から4000円の会津の酒の飲み比べができる。八町温泉は二日酔いにいいと言われているので、呑兵衛にはたまらない。

　野尻川ではぶくぶく炭酸温泉が出ているので自分の名前を付けて足湯を掘ることもできる。好きなところを掘れば自分だけの足湯ができる。

　部屋は、それぞれがこだわりをもったものになっている。女将さんの気遣いを感じる居心地のいい部屋になっている。

　効能たっぷりの奥会津の秘湯は多くの温泉マニアが通う湯だ。

■温泉データ
泉質／ナトリウム－炭酸水素塩・塩化物・硫酸塩温泉、45℃
効能／切傷・やけど・皮膚病・動脈硬化症

常に旅館オススメの旬な酒をご用意。野尻川沿いに建つ恵比寿屋旅館。寛永・文政の度重なる大洪水は、野尻川に棲む河童のいたずらと信じられてきた

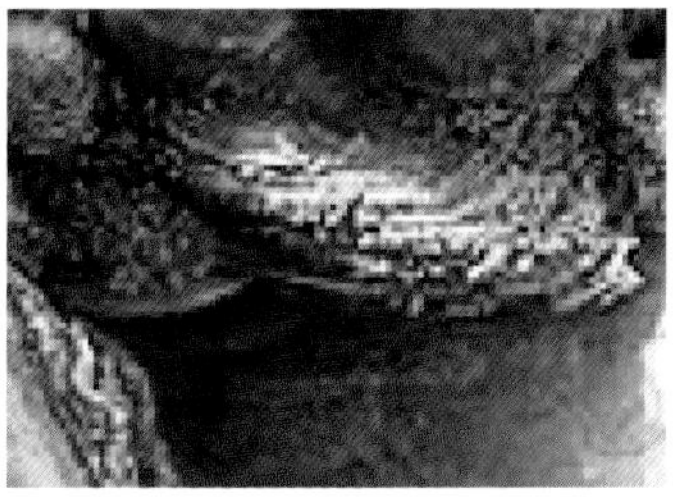

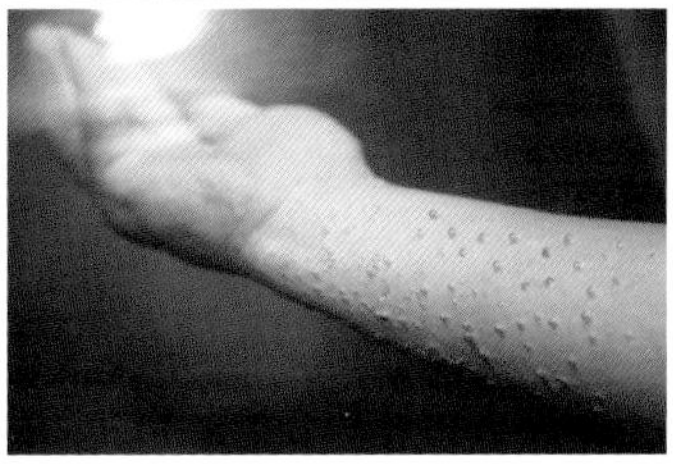

シャンパンのような気泡が肌につく。炭酸泉・湯の花豊富で浴槽にこびりつくほど

玉梨温泉　恵比寿屋旅館
■施設データ
大沼郡金山町大字玉梨横井戸2786-1
TEL.0241-54-2211
料金／1泊2食付 13,350円～
（入湯税、消費税込）
入浴のみ 500円
http://www.ebis-ya.com

■アクセス
車利用／磐越自動車道会津坂下ICから60分
鉄道利用／JR只見線会津川口駅からバス15分

中川温泉

金山町

【福祉センターゆうゆう館】

緑がかった濁り湯が
神経痛や関節痛、切傷ややけどに効く
季節で変わる薬湯も楽しい

■温泉データ
泉質／ナトリウムを含む硫酸塩・炭酸水素塩泉
44.5℃（PH値6.9）
効能／切傷・やけど・慢性皮膚病・動脈硬化症

温泉に浸かった後は休憩室のビリヤードを楽しんでみては

会津中川駅から５分の好アクセスの諏訪神社は駅の近くにある

中川温泉は、福祉施設「福祉センターゆうゆう館」内にある。JR只見線会津中川駅から徒歩5分で、体育館のそばにあり、町民の憩いのスポットとなっている。2014年10月に館内をリニューアルしたのでとてもきれいな温泉だ。

お風呂は男女別の内風呂が2つあり、泉質はナトリウムを含む硫酸塩・炭酸水素塩泉で、緑がかった濁り湯と金気臭が特徴で、神経痛や筋肉痛、関節痛、切傷ややけどに効果があると言う。また、肌がすべすべになると評判だ。源泉かけ流しで源泉の温度は44・5℃。湯量も多く、掛け流しが楽しめる。

ここは地元の人が夕方から入りに来る温泉なので、日中は貸し切りのように入れる。本を読んだり休んだりできる休憩室もあり、広い和室も空いていれば利用できるが要予約とのこと。

年間を通して薬湯も行っている。5月しょうぶ湯、7〜8月どくだみ湯、10月菊湯、12月ヨモギ湯が楽しめる。お風呂に入った後は散策するのもおすすめだ。「道の駅かねやま」には徒歩5分で行ける。また、ゆうゆう館の近くには鹿島神社があり、会津中川駅の近くには諏訪神社もあるので訪れてみるのもいい。

「ここに来たら自然にどっぷりとつかりに来てください」と話すスタッフ。「自然の中にいると心から癒やされます。奥会津はとてもきれいなところです。是非癒やされに来てほしい」と話してくれた。

中川温泉　福祉センターゆうゆう館
■施設データ
大沼郡金山町中川字沖根原1324
TEL.0241-55-3336
営業時間／月〜土　11:00 〜20:00
（最終入館 19:30）
日・祝日　12:00 〜20:00
（最終入館 19:30）
※年末年始12/28 〜1/4　お休み
料金／大人 300円　子ども 150円
（町民料金設定あり）

■アクセス
車利用／磐越自動車道会津坂下ICから60分
鉄道利用／ JR只見線会津中川駅から徒歩５分

湯倉温泉

【鶴亀荘】

知る人ぞ知る美食と
濃厚な温泉成分が自慢の一軒宿

金山町

浴場は男女別２つあり、男性用には只見川を望める露天風呂がついている（21時〜22時は女性専用になる）

ゆったりと流れる只見川を眼前に望む一軒宿「鶴亀荘」。川向こうの山々は季節毎に彩を変え、そのはざまを只見線の列車が走って行く。鉄道マニアならず、うっとりとする眺めだ。

湯倉温泉は本名地区の集落の人たちで維持管理する共同浴場で、そのすぐ隣に建つのがこの宿だ。源泉は同じところから引いており、一晩おけば湯の華が沈殿するほどにフレッシュな温泉成分を堪能できる。

ゴボゴボと音を立てながら湯槽に注ぎ込まれる緑がかった透明の源泉は、時間とともに茶褐色のにごり湯となり、やや重く肌当たりも熱く感じられる。足元からゆっくり慣らしながら湯に浸かるのがコツ。含有するカルシウム成分はリラックス効果を期待できる。

この宿の楽しみは、すべて板前主人が手作りする地元の旬の食材を用いた、目を瞠るような創作料理の数々にもある。秋は特に食材も豊富で、山川畑の幸で彩られる。唎酒師の女将も料理にあったおすすめの地元のお酒などを提案してくれるので、温泉の良さはもちろんのこと美食を求めてのリピーターも少なくない。

■温泉データ
泉質／ナトリウム・カルシウム－塩化物・硫酸塩温泉
源泉58.6℃
効能／切傷、末梢循環障害、皮膚乾燥症、冷え性ほか

■アクセス
車利用／磐越自動車道　会津坂下ICから　R252―R400
約45分
鉄道利用／ JR只見線本名下車、送迎有（冬季は積雪により川口駅となる場合も）

湯倉温泉　鶴亀荘
■施設データ
大沼郡金山町本名上ノ坪1942
TEL.0241-54-2724
料金／大人２名様以上　１泊２食付 16,650円〜（消費税、入湯税込）
※日帰り入浴不可（隣接共同浴場利用 300円以上）
営業／チェックイン15:00　チェックアウト10:00
http://turukameso.com

とにかく料理がおいしい。板前の主人と唎き酒師の女将のこだわりぬいた夕食が好評。下はある日の前菜

奥会津 金山 共同浴場

八町温泉【共同浴場 亀の湯】

飲めば胃腸にいい七福神を祀る共同浴場

八町温泉　共同浴場 亀の湯
■施設データ
福島県大沼郡金山町八町居平619
問い合わせ
TEL.0241-42-7211
（金山町観光物産協会）
料金／協力金 200円以上

■温泉データ
泉質／ナトリウム－炭酸水素塩・塩化物・硫酸塩温泉
効能／神経痛・筋肉痛・関節痛・五十肩・運動麻痺

八町温泉共同浴場「亀の湯」は恵比寿屋旅館のすぐ隣にあるが源泉は別。少し湯量が減っているので玉梨温泉との混泉になっている。炭酸分がとても多く、飲泉は胃腸にもいいと言われている。飲みすぎた翌日の朝にはもってこいの温泉である。

泉質はナトリウム－炭酸水素塩・塩化物・硫酸塩温泉で、43℃の高温泉だ。

神経痛、筋肉痛、関節痛、五十肩、運動麻痺、関節のこわばり、うちみ、くじき、慢性消化器病、痔疾、冷え性、病後回復期、疲労回復、健康増進にも効果があると言われている。

入り口を開けると、男女の脱衣所が右と左に分かれており、カーテンで仕切られている。浴室はひとつ。入り口から浴室が丸見えになるので少し勇気がいるかもしれない。ジンジンと身体に染みてくるあたたかさだ。

川沿いには七福神を祀る社があちこちにあり、神々に守られた大自然の中にいると感じる。目の前の野尻川の河原を掘ればどこからでも温泉が湧いてきて自分だけの足湯ができるとのこと。ここにはカッパがいたという伝説も残っている。水木しげる氏が描いたカッパの絵が隣の恵比寿屋旅館のロビーで観ることができる。

すぐそばの橋のたもとではアユ釣りを楽しむ人たちがいた。川向にも共同浴場があるのだからのんびりしたいときには恰好の場所だと思う。

温泉もいいが川釣りも楽しみのひとつ

湯倉温泉　共同浴場

■施設データ
大沼郡金山町大字本名字上ノ坪1944-2
問い合わせ
TEL.0241-42-7211
（金山町観光物産協会）
料金／協力金 300円以上
営業時間
４月～11月 7:00 ～20:00
12月～３月 7:00 ～19:00
（日・木曜日は定期清掃のため18:00まで）

湯倉温泉【共同浴場】

鄙びていても良湯
神経痛、疲労回復に効果的
現代風の建物でリニューアル

金山町には8つもの温泉が点在する。只見川は戦後の産業優先政策でダムの川になってしまったが、その昔は湯の川と言われたほど、川底にボコボコと湯が湧きだしていたという。しかし、ダムによって堰き止められた川は水深を押し上げ、源泉を水没させてしまった。国道252号線沿いには豊富な温泉資源を利用した共同浴場がいくつか湯けむりをあげている。そのひとつが湯倉温泉の共同浴場だ。湯の成分により白いタオルは褐色に変色してしまう。

この共同浴場も平成23年の水害で被害を受け、平成26年12月に新しく改装した。以前のバラック小屋のような感じから急傾度の屋根が現代風の建物に変わった。入り口を開けると休憩室があり、エアコンもついている。以前は混浴だったが男女別になり手すりもつけられた。

源泉の成分は変わらず、源泉井がすぐ脇にあるので、生まれたての源泉を味わうことができる。

維持協力金箱が置いてあり、300円以上の協力金を入れるようになっている。一か月20万円の費用がかかるとのこと。少し多めの協力金を入れたいものだ。

この泉質はナトリウム・カルシウム－塩化物 硫酸塩温泉で、神経痛、筋肉痛、関節痛、五十肩、運動麻痺、関節のこわばり、うちみ、くじき、慢性消化器病、冷え性、病後回復、疲労回復、健康増進などに効果的。

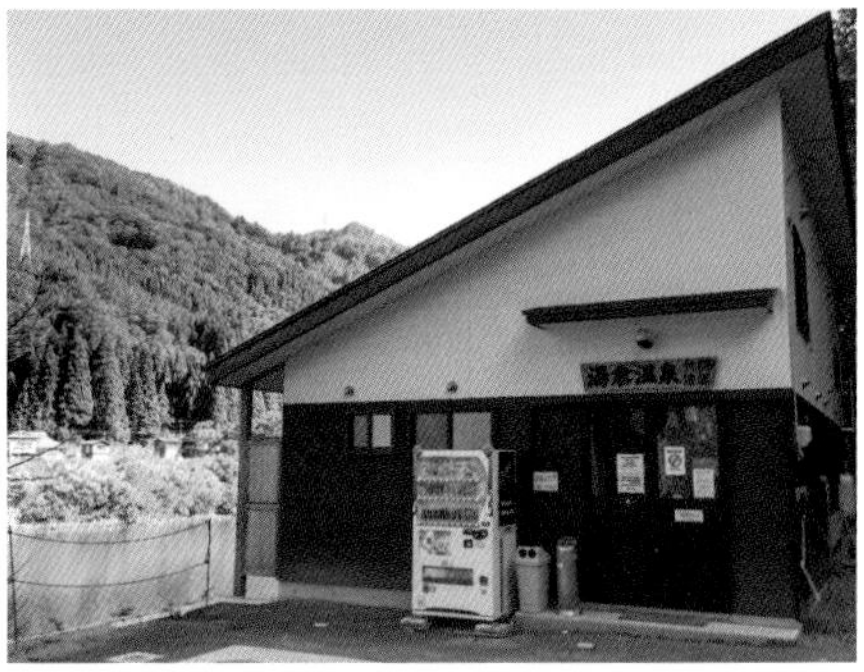

真新しい内装が心地よい

■温泉データ
泉質／ナトリウム・カルシウム－塩化物・硫酸塩温泉
効能／神経痛・筋肉痛・関節痛・五十肩・運動麻痺・関節のこわばり・うちみ・くじき・慢性消化器病・冷え性・病後回復・疲労回復・健康増進など

玉梨温泉【共同浴場】

奥会津 金山 共同浴場

たまたま立ち寄ったという旅行客

玉梨温泉　共同浴場
■施設データ
大沼郡金山町大字八町字居平
問い合わせ
TEL.0241-42-7211（金山町観光物産協会）
料金／協力金 200円以上
営業時間／9:00 ～21:00

■温泉データ
泉質／ナトリウムー炭酸水素塩・塩化物・硫酸塩温泉
効能／切傷・やけど・慢性皮膚病・腰痛・慢性婦人病・虚弱児童など

大塩温泉【共同浴場】

水害を乗りこえて村民待望の再オープン

大塩温泉　共同浴場
■施設データ
大沼郡金山町大塩
利用時間／4～10月 7:30～21:00
11～3月 8:30～20:00
料金／入浴協力金 300円

■温泉データ
泉質／ナトリウム−塩化物・炭酸水素塩温泉
効能／切傷・やけど・慢性皮膚病・腰痛・慢性婦人病・虚弱児童など

只見川と田園が広がる横田を過ぎしばらく行くと左側に大塩温泉の表示が見えてくる。そこを左に下ると突き当たりに大塩温泉の共同浴場がある。坂の途中には水が上がった跡が残されており、平成23年の水害の被害の大きさを感じる。大塩温泉の共同浴場は、水害で屋根まで水が入り流されてしまった。土台を3m高くして新しい共同浴場が平成27年8月にオープンした。

待ちに待った共同浴場。地元はもちろんのこと、遠方からもたくさんの人が訪れている。

大塩温泉は明治以前から川底に近いところにあったと言われている。昭和29年、本名ダムを造るために村と一緒にその温泉は水没した。その後、今の場所に共同浴場が作られ、昭和30年から40年頃は、村の人たちはほとんどが毎日のように入りに来ていた。ここは一日の疲れを癒やし仲間と話をする大切な社交場だった。

新しい共同浴場は、温泉組合で運営している。NHKの「普段着の温泉」でも紹介されるなど〝秘湯の湯〟として全国的にも名が知られている、

この温泉は、ナトリウム−塩化物・炭酸水素塩温泉である。炭酸分を2800㎎以上含み、全国的にも炭酸含有量が多い人気の温泉だ。赤褐色濁した温泉は39・5℃なので、10月から5月は加温しているとのこと。大塩温泉は切傷、やけど、慢性皮膚病、慢性婦人病、虚弱児童に効能があると言われている。

16時頃になると地元の人が入りに来る。炭酸水の温泉ということで最近は地元以外の人も多く訪れる。お盆のころには一日に140人くらい来たそうだ。3分の2は地元以外から来ているとのことからも、この温泉の復活を楽しみに待っていた人たちがたくさんいることがわかる。

共同浴場の前には石でできた社が祭ってあった。この共同浴場を大切に思う地元の人の願いを感じた。

昭和温泉

【しらかば荘】昭和村

お年寄りの肌もツルツル
皮膚病・消化器病などに効く

田園風景が広がる昭和村

■温泉データ
泉質／ナトリウム一塩化物泉
効能／切傷・やけど・慢性皮膚病・虚弱児童・慢性婦人病・消化器病

■アクセス
車利用／磐越自動車道会津坂下ICから60分
鉄道利用／ JR只見線会津川口駅から車で20分

昭和温泉　しらかば荘
■施設データ
大沼郡昭和村野尻字廻り戸1178
TEL.0241-57-2585
料金／１泊２食付 大人 12,100円～、子供 8,850円～（税込）
日帰り　大人 500円（10:00～17:00）
https://www.karamushi.co.jp/shirakabasou/

村人に憩いを　旅人に安らぎを

会津地方の西南部に位置し、野尻川の段丘に沿って集落が点在する昭和村。会津川口駅から車で20分。会津坂下インターから60分のところにある。

しらかば荘は、山に囲まれた美しい山村の木立の中にある。ここは村人の憩いの場、旅人の安らぎの宿になっている。

昭和温泉は、黒鉱探査ボーリングの際に偶然発見され昭和47年に「しらかば荘」が開業し、村民はもちろん多くの観光客にも親しまれてきた。

老朽化に伴い平成26年7月にリニューアルオープンした「しらかば荘」は古民家風の建物が

とても居心地がよく、若いスタッフが元気に迎えてくれる。

ここの泉質は、慢性の皮膚病・消化器病などによく効くナトリウム−塩化物泉で、61℃と温度が高く湯量も豊富だ。内湯は御影調で2層あり、小槽には47℃〜48℃と少し熱い湯が出ている。主槽には、そのお湯が流れていくので42℃くらいと、２つの違う湯を楽しむことができる。泉質は、ナトリウム−塩化物泉で湯色は透明感のある弱緑黄色。ほのかな塩素系の臭いがする。

男女それぞれに露天風呂もあり、里山を吹き抜ける風を感じながら温まることができる。

入浴料は５００円。町の人たちは３００円だが、65歳以上は１００円とのこと。回数券を利用して、毎日入りに来る村のお年寄りたちは、みんな肌がツルツルでお元気とのこと。

館内はとてもきれいで、居心地がいい。地元の食材を使って料理長が腕を振るった料理もとても評判がいい。織姫交流館やからむし工芸博物館も近くにあるので一緒に楽しみたいものだ。

会津南部の温泉

県境の山々の間に湧く小さな温泉が点在する。町で運営する大きな温泉施設も多く、登山やスキーを楽しんだ後、気軽に立ち寄れる。アクセスが不便な分、深山幽谷の世界に出会えるだろう。尾瀬の入り口、桧枝岐は桃源郷にたとえられる。民家にも温泉が引かれ、渓流沿いに上がる湯けむりが美しい。

深沢温泉
片貝温泉
さかい温泉
山口温泉
只見町
下郷町
湯野上温泉
南会津町
檜枝岐温泉
檜枝岐村
湯ノ花温泉
木賊温泉

湯野上温泉の伝説

【猿湯伝説】

昔、大沢集落の加藤某という猟師が一匹の猿を射ったところ、その猿が手負いとなり、湯の原に来て入浴し、その傷を癒やしたという。そのことからこの源泉は猿湯と名付けられた。

【安楽湯】

昔、高倉以仁王は源頼政の弟が越後頸城郡の城主であったので、これに赴かんと山本村（大内）に差し掛かった。そのとき柳津の住民で石川冠有光という人が大内峠で迎え撃ち、このため越後城主の従者渡部某が怪我を負ったので山を下りて水を探していたところ、岩間から温泉が湧き出ているのを発見して、その傷を癒やしたという。それで安楽湯と名付けられた。

塔のへつり

百万年の歳月をかけて浸食と風化を繰り返し自然が造り上げた下郷町を代表する景勝地。大川羽鳥県立自然公園の一角を占める。「へつり」とは会津方言で、川に迫った険しい断崖のことである

湯野上温泉

【にしきや】下郷町

阿賀川沿いに湧く湯の郷には
昔から湯の神が宿るという
弱アルカリ性単純泉の
美肌の湯が旅人を癒やす

■温泉データ
泉質　単純温泉
泉温　57℃ (源泉)
効能／疲労回復・冷え性・神経痛・筋肉痛・関節痛・五十肩・運動麻痺・関節のこわばり・うちみ・くじき・慢性消化器病・疾病病後回復期・健康増進

幾重にも重なる山々と豊かな恵みの阿賀川・大川ラインの懐にすっぽりと包まれた名湯湯野上の地。全国的に珍しい茅葺き屋根の駅舎が旅人を迎える会津線湯野上温泉駅の周辺に8軒の旅館と12軒の民宿が軒を連ねる。

温泉の由来は遠く奈良時代にさかのぼる。一匹の傷ついた猿が川の中に入っていくのを都から来た者の従者が見たという。従者がその場所に行ってみると川底からこんこんと湯が湧き出していた、というのが「猿湯」の言い伝え。以前は川原に自噴していたが、ダムができたことで川原の水位が上がり、元々の湯は使えなくなった。今はボーリングして豊富な湯を地域に供給している。

温泉街の中ほどにある「にしきや」は明治中期に建てられた古民家の宿。築120年の建物は太い柱や梁が圧倒的な重厚感を醸し、繊細な細工が施された建具の美しさ、コーヒーメーカーなどの最新家電のシャープさがアクセントとなり、洗練された空間をつくりだしている。

一階最奥の「花梨」は令和4

年にリニューアルされた特別室。8畳の和室にモダンなベッドルームを隣接。部屋付の風呂は十和田石でつくられ、湯野上自慢の美肌の湯が掛け流しになっている。

　このほかはカップルや家族連れが利用しやすい和室で、お一人様の宿泊にも対応してくれる。

　大広間でいただく夕食は、地場の食材をアレンジした美しい品々がテーブルを彩る。艶やかな会津塗りの手塩皿には下郷町猿楽台地産のそば粉でつくった蕎麦豆腐やニシンの山椒漬け、山菜などが可愛らしく盛り付けられ、田島のアスパラ、南郷トマトなど会津の旬の野菜もご馳走に加わる。メインディッシュの会津馬刺し、福島牛の陶板焼きは秀逸だ。

　サラサラとした湯が掛け流しの浴槽は檜風呂と岩風呂の2タイプ。時間で男女が入れ替わるので、ぜひ両方の風情を楽しんでほしい。

「小さい宿ですが、手を抜かず、満足のいくおもてなしをしたい」と二代目亭主。

　和モダンの美しさの中に癒やしが満ちる宿での至福の一夜を。

湯野上温泉　にしきや

■施設データ

南会津郡下郷町大字湯野上字居平乙784
TEL.FAX.0241-68-2413
料金／1泊2食付 大人 15,000円～(入湯税、消費税込)
http://www.nishikiya.info

■アクセス

車利用／東北自動車道西那須野塩原ICから90分
東北自動車道白河ICから60分
東北道自動車道須賀川ICから75分
磐越自動車道会津若松ICから50分
鉄道利用／会津鉄道湯野上温泉駅下車、徒歩15分

湯野上温泉

【こぼうしの湯　洗心亭】下郷町

開放感に包まれる

緑豊かな渓谷沿いの温泉宿

湯野上温泉　こぼうしの湯 洗心亭
■施設データ
南会津郡下郷町大字高陦字寄神乙1614
TEL.0241-68-2266
料金／19,800円～（税込）
※日帰り入浴可（要問合せ）
営業／チェックイン15:00　チェックアウト10:00
https://koboushi-sensintei.jp

■温泉データ
泉質／単純温泉　源泉53.2℃
効能／美肌、神経痛、筋肉痛、関節痛、疲労回復ほか

■アクセス
車利用／磐越自動車道　会津若松ICから約80分
鉄道利用／会津鉄道湯野上温泉下車、タクシー約３分

切り立つ渓谷が迫る大川の景勝地に湯けむりをあげる湯野上温泉郷。アットホームな民宿が国道沿いに立ち並ぶ温泉街から離れた川向うの林の中に、敷地面積およそ４５００坪を誇る「こぼうしの湯　洗心亭」がある。

ロビーに入ると広々とした空間が出迎えてくれ、その奥のラウンジから一望できる、木々の緑に心を奪われる。自然を愛するオーナーがこの地を包む四季折々の眺めを気に入り、宿を建てたのは平成元年のこと。

ゆったりと入れる大浴場には毎分１００ℓのかけ流しの湯が満々と注ぎ込まれ、石段を降りれば開放感たっぷりの露天風呂が楽しめる。湯野上の湯は53℃の熱い湯が渓谷下からポンプアップされているが、弱アルカリ性の湯は単純温泉ながら美肌効果の高いメタケイ酸を多く含み、肌がなめらかになると、女性に評判の高い湯だ。

その時期の一番いい場所へ。明さんのガイドでドラマチックな旅を体験

湯野上温泉

【まごころの宿 星乃井】 下郷町

名物料理とホスピタリティに魅せられて何度でも通いたくなるお宿

星乃井のお客さんは、7割近くがリピーターだという。しかも何度も訪れるヘビーユーザーが少なくない。中には関東地方から、20年以上にわたり340回通い詰めた人もいて、全国放送のテレビ番組で取り上げられたこともあるほどだ。その中毒性はどこにあるのだろう。

宿のご主人、星明さんは「うちは、なんといっても料理が自慢」と胸を張る。星乃井の名物料理といえば、じゃがいもの煮物。そう聞けば、田舎の昔懐かしおふくろの味と思いがちだが、そんなに単純なものではないらしい。滑らかな食感とリッチな

味わいは、食べた人を黙らせてしまう魔力に満ちて、畑のフォアグラの異名を持つほどだ。

　ある日の献立を見せてもらった。さきづけとして、お刺身や三点盛りなど4品。あとだしには、名物のじゃがいもの煮物を含めデザートまで8品が揃う。そのどれもがありきたりの郷土料理ではない。先代から引き継がれた家庭の味をベースに、工夫と手間を重ねた創作料理のラインナップだ。

「うちは、お客さんが席についてからが忙しい。作り置きのものはないから」

　料理の一番の食べごろをお客さんに届けるために、気配り目配りも欠かせない。

　お客さんに満足してもらうために、手間は大いにかけると明さんはいう。その想いは半端ではない。20年以上、無料のオリジナルツアーを毎日開催しているのだ。

　冬の大内宿ナイトツアー、春は鶴ヶ城の夜桜ツアー、夏には蛍と星空ツアー、秋になれば猿楽台地の満開のそばを見に早朝ツアーにバスを出す。

「お客さんにいい旅だった、来てよかったと感じてもらいたい」

　明さんのその熱い想いが、きっと客にまた来たいと思わせるのだろう。

「やっと来れたよ。またお世話になります。元気だった？」

　取材中、そういいながら一組の客がやってきた。コロナ禍で我慢してたがやっと来れたと喜ぶ客を、星乃井の宿は、まるで親戚の家のように迎えていた。

湯野上温泉　まごころの宿 星乃井
■施設データ
〒969-5206　福島県南会津郡下郷町湯野上783-1
TEL.0241-68-2552　予約専用フリーダイヤル 0120-15-1126
料金／１泊２食付 10,150円～（税込）
日帰り入浴 500円
https://hoshinoi.com/

鰊の山椒漬け・いぶりがっこと人参サラダ・干し柿とコーヒー花豆。旬のものをふんだんに

源泉かけ流しのお風呂は24時間いつでも入れる

片貝温泉

【ホテル南郷】南会津町

熱の湯と呼ばれるほど
保温効果に優れ、疲労回復に効果

■温泉データ
泉質／ナトリウム一塩化物泉
（弱アルカリ性低張性高温泉）
温度／47.6℃（源泉）
大浴場・露天風呂　42℃
効能／神経痛・筋肉痛・関節痛・
疲労回復他

片貝温泉　ホテル南郷
■施設データ
福島県南会津郡南会津町界字猛の入
454番地
TEL.0241-73-2275
料金／1泊2食付 8,540円（税込）
素泊り 5,650円（消費税、入湯税込）
http://www.sayurinosato.co.jp/hotel/

■アクセス
車利用／東北自動車道西那須野塩原IC下車 R400、R121、R289と進みR401に入り、すぐ左側
鉄道利用／会津鉄道会津田島駅

「ホテル南郷」は、奥会津の玄関口にあたる大自然に囲まれた南会津町南郷地区にあり、周辺には、ひめさゆり群生地や高清水自然公園・駒止湿原・宮床湿原といった散策地があり、周囲の山々は新緑の春から紅葉の

秋まで変化に富んだ美しい景観をみせてくれる。また徒歩5分程度で行ける南郷スキー場もあるので、四季折々に楽しむことができる。
　泉質はナトリウム－塩化物泉で、熱の湯とも呼ばれるほど保温効果に優れ、疲労回復に効果が期待できる温泉である。
　別棟の天然温泉大浴場「ゆうゆうランド」には、和風と洋風の大浴場があり、それぞれ日替わりで男湯・女湯となっているので、チェックイン当日と翌朝の両方楽しむことができ、いずれも二段底になっているので腰湯にも最適。また、それぞれの浴室にはサウナ、露天風呂があり、洋風露天風呂はモダンな庭園のような趣があり、川向いに広がる原風景が不思議と馴染み、しばし時の流れを忘れてしまいそうだ。

さかい温泉

【星の郷ホテル】 南会津町

満天の星空が広がる
日本屈指の天体観測エリア
澄んだ空気とぬめりのある美肌の湯が
身も心もほぐしてくれる

■温泉データ
泉質／硫黄塩泉（天然温泉）
入浴時間／15:00 ～24:00・翌朝5:30 ～9:00
効能／神経痛・筋肉痛・関節炎・肩こり・関節麻痺・慢性皮膚炎など

ゆったりとした大自然と満天の星空で知られる会津高原。標高約１０００ｍの高台に建つこの宿は洗練されたデザインながらも、周囲の長閑な自然美に溶け込むかのような柔らかな雰囲気を放つ。ロビーの床には杉材、椅子はホオノキや栗製など、南会津町産の木材をふんだんに取り入れた建物は木の温もりに満ちている。

ナチュラルでいて、モダンな雰囲気は客室も同様。栗材の床は柔らかく、思わず裸足で歩きたくなる。カップルならスタンダードなベッドルーム、ファミリーや年配のご夫婦には畳の小上がりがついた和洋室ツインが喜ばれるなど、さまざまな客室が用意されているのも嬉しい。天然温泉をひとり占めできる温泉風呂を備えた部屋でプライベートな空間も愉しむもいい。

とろりとした湯は美肌にいいといわれる塩化物泉。大浴場は、日中は陽が差し込み清々しく、夜には星空を眺めながらロマンチックな雰囲気となる。

レストランでいただく夕食は滋味溢れるメニューが並ぶ。ジューシーな南郷トマトや甘味たっぷりの田島アスパラなどの旬の野菜、上質な会津地鶏、会津名物のわっぱ飯などがテーブルを彩る。料理にぴったりの南会津町の地酒なども取りそろえている。

夜にはホテル内の「星空広場」では、双眼鏡を使って天体観測もできる。降り注ぐような流星群や空に大きく伸びる天の川をぜひこの機会に。

さかい温泉　星の郷ホテル

■施設データ

南会津郡南会津町界字湯の入278
TEL.0241-73-2121
FAX.0241-73-2388
料金／１泊２食付 16,000円～（消費税・入湯税込）
営業時間／チェックイン 15:00 ～
チェックアウト 10:00
https://hoshinosatohotel.jp

■アクセス

車利用／東北自動車道西那須野塩原ICから90分、または白河ICから90分
鉄道利用／会津鉄道会津田島駅から無料シャトルバス利用で40分（要予約）

木賊温泉

【イワナ　福本屋】

南会津町

平安の昔から湧き出でる秘湯・木賊温泉
澄んだ空気と清流が育む川魚づくしの宿

■温泉データ
泉質　単純温泉（低張性-弱アルカリ性-低温泉）
効能／神経痛、筋肉痛、関節痛、五十肩、運動麻痺、関節のこわばり、うちみ、くじき、慢性消化器病、痔疾、冷え性、病後回復期、疲労回復、健康増進

標高７９５ｍ、長閑な原風景が広がる山間の地に秘湯、木賊温泉は湧く。多くの温泉マニアが愛してやまない共同浴場「河原の岩風呂」は、岩を掘ってつくられた浴槽の底から源泉が湧き出し、源泉が空気に触れることなく湯船を満たす純度１００％の湯とあって高い人気を誇っている。千年の時を経て、今もなお、木賊の湯は旅人を癒やし続ける。

　この岩風呂の近くにあるのが民宿「イワナ福本屋」。イワナやニジマスの養殖業を営むこの宿は、４月中旬から11月中旬の間、一日３組に限って客人を招き入れる。

　築１００年の母屋で炭火を囲みながらいただく食事は、素材

木賊温泉　イワナ 福本屋
■施設データ
南会津郡南会津町宮里字宮ノ本1808-2
TEL.0241-78-2440
料金／１泊２食付　大人 8,800円〜
（消費税込、入湯税別）
https://fukumotoya.com/

夕食はイワナの刺身やニジマスの唐揚げなどが並べられたお膳に、イワナの骨で出汁をとった吸い物（右上）、イワナの塩焼きなどがつく。川魚づくしの食事にあうのはやはりイワナの骨酒（右下）だろう

の味を活かした川魚フルコース。お膳に並ぶのはイワナの刺身や塩焼き、ニジマスの山椒味噌焼きなどで、体長60〜80㎝のイワナを食べる直前にさばいた刺身は脂がのって、肉厚。炭火で焼かれたイワナ、ニジマスは身がほくほくで骨まで食べられる。脇を固めるのは舘岩地区特産の赤かぶや前沢集落の豆腐、そして山菜などの地場の食材で、豊かな大地の恵みを、食を通じて再発見させてくれる。料理と一緒にイワナ酒やカブト酒もぜひ試して欲しい。

宿泊客の多くは単純硫黄泉が湧く「河原の岩風呂」を好むが、宿の湯は泉質が異なっているので、こちらもおすすめ。石造りの浴槽に掛け流しになっているのは弱アルカリ性の単純温泉。無色透明でしっとりと柔らかく、湯上がり後、肌の潤いが持続する。

静寂の中に響く虫の声、見上げれば美しい星空。湯も、食も、空間も、ここにしかない贅沢が広がる。

■アクセス

車利用／東北自動車道那須塩原ICより90分

鉄道利用／東武鉄道・会津鬼怒川線会津高原尾瀬口駅下車、会津バス「桧枝岐行き」乗車〜「木賊温泉入口」下車。バス停より送迎（平日のみ）が必要なので宿と相談

木賊温泉

【共同浴場　岩風呂】

南会津町

共同浴場「岩風呂」は、西根川沿いに面した昔ながらの素朴な温泉。自然の岩を削って造った湯船になっており、川の流れを目の前にしながらの入浴は野趣満点の温泉。川床から湧き出る温泉は50℃とちょっと高め
「岩風呂」は男女混浴の露天風呂。木賊温泉「泉年の会」では、女性のお客様にも「岩風呂」を楽しめるように、着用したまま入浴できる「特製湯あみ着」をレンタルしている

木賊温泉の入口案内板に従って進む。岩風呂へは西根川沿いに歩いていく。岩風呂手前には大杉の根本に鎮座する湯前様。男の子が生まれると、お祝いに矢を奉納する安産祈願の神社でもある

共同浴場　岩風呂

■施設データ
浴室／男女混浴の露天風呂
入浴時間／24時間入浴可
入浴料／３００円（無人なので入湯料は料金箱へ）

■温泉データ
泉質／アルカリ性単純温泉
温度／50℃・源泉１００％
効能／神経痛・リウマチなど

■アクセス
車利用／東北自動車道那須塩原ＩＣからR48経由90分
鉄道利用／会津鉄道会津高原尾瀬口駅からタクシー等利用で50分

山小屋風の建物。玄関には「秘湯を守る会の宿」の提灯が見える。
敷地内に源泉があるので湯量豊富で加水なし、かけ流しの温泉。
田舎に帰ってきたような、のんびりとした時間が流れる客間

湯ノ花温泉

【旅館 末廣】南会津町

眼下には湯ノ岐川の清流
定番なし、その日のおすすめ食材での
おもてなし料理

国道352号線、中山峠を越えて檜枝岐方面の途中にある唯一の信号を左に入って3㎞走ると湯ノ花温泉がある。

湯ノ花温泉は、旅館が1件、民宿が6件、そして、共同浴場が4か所あり、春から秋にかけては、尾瀬へのハイキングや名峰田代山登山の基地として、また、渓流釣りで人気の温泉地でもある。

泉質は単純泉、1人300円のチケットを購入すると4か所すべての共同浴場が何回でも入浴可能である。

■温泉データ
泉質／単純温泉
効能／神経痛・筋肉痛・関節痛・慢性消化器病・冷え症・疲労回復など

その湯ノ花温泉に旅館末廣がある。男湯・女湯・岩風呂に加え男女それぞれの露天風呂があり、客室11部屋定員30名（お客様にゆったり過ごしてもらいたいため定員を少なくしているとのことである）で湯ノ花温泉では最も大きな旅館である。

旅館の後ろには清流湯ノ岐川が流れ、上流には木造の橋、対岸には共同浴場石湯がありなんとなく田舎の情景を醸し出している。

経営者の安藤夫妻は捨て犬の話を聞けば餌を持って探しに行くほどの無類の犬好きであり、いつの間にかその捨て犬が旅館の看板犬となっている。

料理は岩魚の塩焼きや季節の野菜を使ったヘルシーな料理が12品。

女将に料理について聞いたところ「うちには定番の料理はないですよ、だって季節によって美味しいものが違いますからね」という返事。

なるほど、客の7割がリピーターなわけだ。

湯ノ花温泉　旅館 末廣
■施設データ
南会津郡南会津町湯ノ花240
TEL.0241-78-2513
料金／１泊２食付 13,200円～（税込）

■アクセス
車利用／東北自動車道西那須野塩原ICよりR400、R121、R352経由尾瀬・檜枝岐方面へ90分
鉄道利用／会津鉄道会津高原尾瀬口駅下車、バス利用で40分

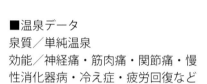

湯ノ花温泉【共同浴場】

湯ノ花温泉は、約700年前の鎌倉時代に発見された温泉といわれている。現在も湯ノ岐川の渓流沿いに7軒ほどの旅館・民宿が営まれており、素朴な山間のいで湯として親しまれている温泉場。また、湯ノ花温泉には「弘法の湯」「石湯」「湯端の湯」「天神の湯」の4つの共同浴場があり、湯めぐりを楽しむことができる。「弘法の湯」「湯端の湯」は男女別々、「天神の湯」「石湯」は混浴になっている。4軒共通の入浴券は湯ノ花温泉内の商店などで販売しており、同日内であれば1枚ですべての共同浴場の入浴を楽しむことができる。

湯の花温泉の名物といえば「赤かぶ」だが、他にも「とち餅」や「裁ちそば」をはじめ「はっとう」や「ばんでい餅」、「つむづかり」なども名物。

周辺には、自然散策やキャンプが楽しめる「しらかば公園」や日本の原風景ともいえる曲家集落が現在も残る国指定「前沢曲家集落」。紅葉が美しい「鱒沢渓谷」などがある。

湯ノ花温泉を流れる湯ノ岐川はヤマメやイワナの渓流釣りメッカとして広く知られ、シーズンには多くの釣り客が訪れる。囲炉裏の炭火で焼いた「岩魚の塩焼き」の味は格別

大岩を削って湯船にした「石湯」。大岩が浴場の中にまで突き出ている

「湯端の湯」「天神の湯」「弘法の湯」

湯ノ花温泉　共同浴場

■施設データ

営業時間／6:30～21:30・年中無休（清掃時間中は入浴不可）

入浴料（1日券）／中学生以上 300円　小学生 150円

入浴券／商店・旅館・民宿等で購入可

お問合せ／南会津町観光物産協会館岩支部

TEL.0241-64-5611

■アクセス

会津鉄道会津高原尾瀬口駅からR352を尾瀬・檜枝岐方面へ。松戸原から県道350に入ると間もなく湯ノ花温泉

■温泉データ

泉質／含土類石膏弱食塩泉、単純泉、弱食塩泉

効能／神経痛・筋肉痛・リウマチ・切傷・火傷・慢性婦人病・消化器病など

深沢温泉

【季の郷 湯ら里】只見町

鉄分を含んだ赤褐色の湯
神経痛、筋肉痛、うちみなどの
疲労回復に

満天の夜空をひとりじめ　ホールや会議室も完備、町民憩いの場

山々に囲まれた奥会津只見の深沢にある温泉施設「季の郷 湯ら里」は、満天の星空をひとりじめするかのように静かに佇んでいる。奥会津の山里を満喫する拠点として、癒やしの風景とともに郷土料理やかけ流しの温泉が楽しめる人気の施設である。

解放感たっぷりの露天風呂をはじめ、歩いて3分のところには赤茶色の源泉かけ流し「むら湯」（日帰り温泉）もある。

季節の山や川の恵みたっぷりの夕食には、舞茸や地元の野菜を煮込んだ郷土料理「おひら」、岩魚の刺身や塩焼きなどが並び、その美味しさにはおもわず笑みがこぼれる。

奥会津の美しい大自然を望む大浴場や露天風呂に、和室14室、洋室6室、客室20室、会議室やコンベンションホールなども完備されている贅沢さ。

また広々とした前庭では、パークゴルフや雪遊びなどさまざまなイベントが開催され、町民をはじめ県内外からの観光客に一年を通して利用されている。

深沢温泉　季の郷 湯ら里

■施設データ
南会津郡只見町長浜字上平50　TEL.0241-84-2888
料金／１泊２食付 13,750円～（消費税込、入湯税別途）
素泊り 9,350円～（消費税込、入湯税別途）
http://www.yurari.co.jp

■温泉データ
泉質／塩化物泉（ナトリウム－塩化物硫酸塩温泉）
温度／湧出口 45℃
効能／神経痛・筋肉痛・関節痛・五十肩・運動麻痺・打ち身・くじき・慢性消化器病・痔症・冷え性・病後回復期・疲労回復・健康増進

■アクセス
車利用／東北自動車道西那須野塩原ICより120分
磐越自動車道会津坂下ICよりR252、R289経由で150分
鉄道利用／ JR只見線只見駅から車で20分（送迎あり）
会津鉄道会津田島駅から車で45分（指定時間により送迎あり）

日帰り温泉のみの入浴施設「むら湯」も隣接している。「湯ら里」宿泊者は無料で利用できる。
入湯料／大人 600円　子ども 200円
入湯受付／9:00 ～20:30（12月～３月 19:30）

檜枝岐温泉

【かぎや旅館】　檜枝岐村

山間の秘境は恵みの大地
湯も、食も、文化も、自然も、
135年の老舗宿で愉しむ

檜枝岐温泉　かぎや旅館
■施設データ
南会津郡檜枝岐村居平679
TEL.0241-75-2014
料金／1泊2食付　大人 13,350円～
（入湯税、消費税込）

春の料理の一例。山人料理は季節ごとに旬の恵みを味わう

檜枝岐温泉は戦後に発見された温泉で、昭和43年に完成した大津岐発電所の建設に伴って進められた隧道工事の際に、温度の高いナトリウム系単純泉が湧き出したことに始まる。その後、別の場所から出た温泉を村が管理するようになり、村内全戸に温泉を引き込んだ。

国指定有形民俗文化財「檜枝岐歌舞伎の舞台」にほど近い「かぎや旅館」の歴史は、温泉の歴史よりも古い。創業は明治25年。屋号は、宿の前を通る沼田街道で、かつて「口留番所」と呼ばれる関所の鍵を扱っていたことに由来する。宿の歴史は135年を刻み、現在は六代目が切り盛りしている。

宿の歴史とともに温泉より長く愛されているのが建物だ。ノスタルジックな雰囲気が広がる館内は、木の温もりに満ちている。居心地のいいロビー、磨き抜かれた階段部分は昭和33年に建てられた。昭和45年築の客室は、四代目当主が山々から伐り出した檜、桜などの木材が床柱に使われている。純和風の客室は木の名前が付けられ、窓からはそれぞれ趣の異なる山里の景色が楽しめる。

浴場は二つ。檜風呂「みはらしの湯」と御影石の石風呂「せせらぎの湯」は時間制で入れ替わる。ゆっくりと身を沈めると、無色透明で、滑らかな湯が肌を包み込む。

夕食は檜枝岐村伝統の「山人料理」に舌鼓。旬の山菜やキノコ、川魚や蕎麦料理などは、ここでしか食べることができないご馳走だ。豊かな恵みに満ちた山里の夜を愉しもう。

■温泉データ
泉質／アルカリ性単純温泉
温度／64.7℃（源泉）
効能／神経痛・筋肉痛・関節痛・疲労回復など

■アクセス
車利用／東北自動車道西那須野塩原ICから２時間
東北自動車道白河ICから2時間20分
鉄道利用／東武日光線会津高原尾瀬口駅下車、会津バスで70分

南会津の日帰り公共温泉

山口温泉 — 道の駅 きらら289

国道289号線沿いにあり、泉質はナトリウム－塩化物泉で、一般効能はもちろん切傷、やけど、打ち身や冷え症には特に効果がある。和風「山桜の湯」には大浴場、気泡浴、ドライサウナ冷水浴、洋風「リンドウ」の湯には大浴場、源泉風呂があり日によって男女入れ替え制。偶数日は女性が「山桜の湯」、男性が「りんどうの湯」で、奇数日は逆になる。渓流を望む自慢の露天風呂では、四季折々の景色を楽しむことができる。お休み処は80畳の大広間があり、食事もできる。

山口温泉　道の駅 きらら289

■施設データ

南会津郡南会津町山口字橋尻1

TEL.0241-71-1289

定休日／火曜日

営業時間／10:30 ～19:00（土のみ 20:00）

料金／中学生以上 700円（入湯税 150円込）

小学生 300円、未就学児 無料

http://www.kirara289.jp/

■温泉データ

泉質／ナトリウムー塩化物泉

効能／切傷・やけど・慢性皮膚病・虚弱児童・慢性婦人病

■アクセス

車利用／東北自動車道西那須野塩原ICより90分

鉄道利用／会津鉄道会津田島駅より車で30分

物産館では新鮮野菜や果物を販売。特産南郷トマトを使った加工品は多く、ジュースやドレッシング、ジャムや飲用酢などがある。酒や味噌、漬物など南会津ならではの商品も数多く取り揃えていて、一番のおすすめは酒、蜂蜜、牛乳のすべて地元南郷産にこだわった独自性あふれるスイーツ酒粕キャラメル

併設しているレストランでは地元特産品のトマトを使ったトマトラーメンやたっぷりのチーズをのせたチーズトマトラーメン。２種類の南会津産のそば粉をブレンドしたこだわりの手打ちそばなどが人気。名物のわらじソースかつ丼は２枚の大きなロースかつに特製ソースをかけたボリューム満点の一品できらら289の一押しメニュー。デザートは南郷トマトを使ったトマトソフトクリームやコーヒーゼリーに濃厚バニラとつぶあんをのせたコーヒーぜんざいが人気！

檜枝岐温泉　アルザ尾瀬の郷

森の温泉館「アルザ尾瀬の郷」は、尾瀬国立公園への玄関口・檜枝岐村にある総合温泉スポーツ施設で、健康と美容を求める皆さんにぴったりの施設。

　温泉街特有の賑わいや派手なおもてなしではなく、湯の温もりと大自然との一体感、そして極上の贅沢な時を味わうことができる温泉だ。

　「アルザ尾瀬の郷」には、25m温泉プールも完備されており、プールフロアでは水中運動も。また、家族で楽しめるエアースライダーなどもあり、運動の得意な方から苦手な方まで気軽に健康づくりを楽しむことができる。また、温泉は開放的な浴室で、大自然を満喫できる。疲労回復、つるつる、すべすべお肌をぜひ体感してみてはどうだろう。

檜枝岐温泉　アルザ尾瀬の郷

■施設データ
南会津郡檜枝岐村字見通1156-1
TEL.0241-75-2200
営業時間／13:00～18:00　最終入場 17:30
（冬期 休業）
料金／風呂のみ（大人 800円・子ども 400円）
http://www.hinoemata.com/ontoku/spa-alza/

■温泉データ
泉質／アルカリ性単純温泉
温度／64.7℃（源泉）
効能／神経痛・筋肉痛・関節痛・疲労回復など

■アクセス
車利用／東北自動車道西那須野塩原ICから南会津方面
関越自動車道小出ICから只見方面（冬季通行止め）
磐越自動車道会津坂下ICから只見方面
鉄道利用／会津鉄道会津高原尾瀬口駅下車、バス利用で70分

左／六地蔵
下／展望台から望む檜枝岐村

檜枝岐名物「はっとう」と「経ちそば」

上／アルザ尾瀬の郷外観と温泉プール。幼児用プールもあるので小さい子どもでも安心。プールで体を動かした後は温泉でゆっくり温まろう

おみやげ味のれん 会津

取材先で食べた！買った！うまいもの

北部

天ぷらまんじゅう
のぼりが目印。揚げたてまんじゅうの美味しさを実感。店内に喫茶スペースあり。
日乃出屋
TEL0242-64-3448

笹だんご
温泉街入り口の和菓子の老舗。元祖笹団子。試食もできるのでお気に入りの一品をみつけてほしい。
有限会社宝来堂製菓
TEL0242-64-3717

中ノ沢温泉［猪苗代町］

小西食堂のラーメン
磐梯西村屋となりの食堂。名物はスタミナラーメンだが、取材当日は入浴後でもあっさり食べられるラーメンに。
小西食堂
TEL0242-64-3128

大塩裏磐梯温泉［北塩原村］

山塩ラーメン
あっさりまろやかな塩ラーメン。道の駅で気軽に山塩が味わえる。
道の駅裏磐梯　桧原亭
TEL0241-33-2241

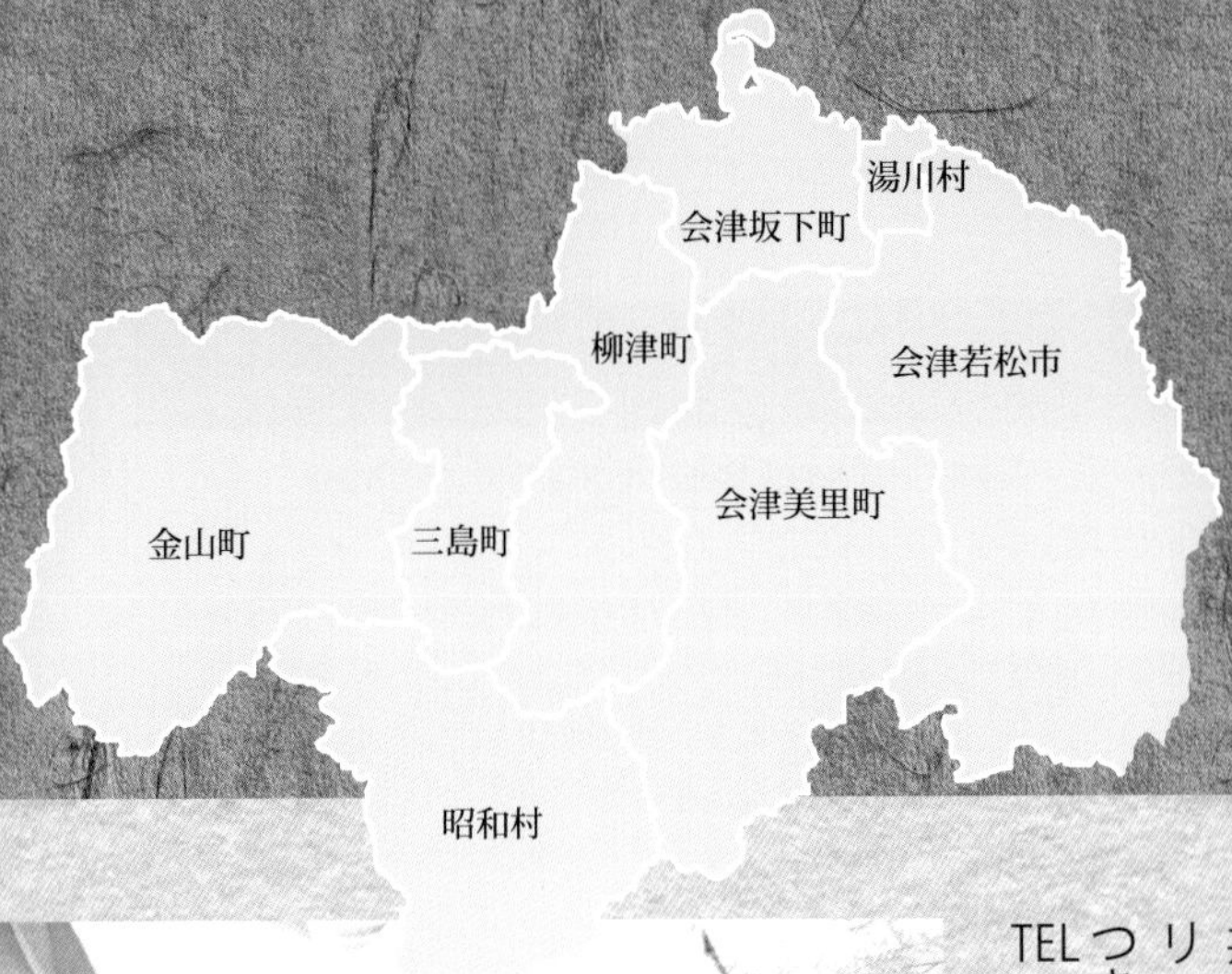

中部

柳津・西山温泉［柳津町］

やないづソースかつ丼
町民もおすすめ、温泉施設の食堂メニュー。柳津のソースかつ丼には玉子が敷いてある。ボリュームたっぷり。
つきみが丘町民センター
TEL 0241-42-2302

南部

湯野上温泉［下郷町］

とち餅
手間のかかるとち餅は大内宿のご馳走。柔らかい餅に栃の実の食感がいい。優しい香りと甘さが口の中に広がる。
大内宿富士屋

名称	泉質 交通	効能	連絡先／温泉
裏磐梯小野川湖温泉	単純硫化水素泉	高血圧症、リウマチ、糖尿病ほか	湖畔荘／耶麻郡北塩原村大字桧原字小野川1082
	車：磐越自動車道猪苗代磐梯高原I.Cから40分　鉄道：JR磐越西線猪苗代駅からタクシー40分		
ラビスパ裏磐梯	ナトリウム塩化物泉	神経痛、筋肉痛、慢性消化器病ほか	ラビスパ裏磐梯／耶麻郡北塩原村大字大塩字桜峠8664-5
	車：磐越自動車道猪苗代磐梯高原I.Cから国道459号線経由で30分　鉄道：JR磐越西線猪苗代駅から磐梯高原行きバスで30分か、タクシーで15分		
休暇村裏磐梯	—	—	休暇村裏磐梯／耶麻郡北塩原村大字桧原字小野川1092
	車：磐越自動車道猪苗代磐梯高原I.Cから30分　鉄道：JR磐越西線猪苗代駅からバスで45分国民休暇村下車		

●猪苗代町

中ノ沢温泉	酸性含硫黄酸性塩化物 （硫化水素含有―酸性緑ばん泉）	胃腸病、慢性重金属中毒症ほか	中ノ沢温泉旅館組合／耶麻郡猪苗代町中ノ沢
	車：磐越自動車道猪苗代磐梯高原I.Cから国道115号線経由で30分　鉄道：JR磐越西線猪苗代駅からタクシーで40分		
沼尻温泉	酸性含硫黄泉	神経痛、リウマチ、胃腸病	沼尻温泉旅館組合／耶麻郡猪苗代町沼尻温泉
	車：磐越自動車道猪苗代磐梯高原I.Cから25分　鉄道：JR磐越西線猪苗代駅から中の沢行きバスで30分、沼尻温泉下車徒歩30分		
横向温泉	重炭酸ナトリウム・硫酸カリウム 単純泉含有炭酸鉄泉	切傷、やけど、胃腸病、貧血ほか 胃腸病、皮膚病、眼病ほか	滝川屋旅館／耶麻郡猪苗代町大字若宮字下の湯甲2970 森の旅亭マウント磐梯／耶麻郡猪苗代町横向 中の湯／耶麻郡猪苗代町横向
	車：磐越自動車道猪苗代磐梯高原I.Cから国道115号線を40分　鉄道：JR磐越西線猪苗代駅からタクシー40分		
川上温泉	単純泉	胃腸病、眼病、神経衰弱	川上温泉旅館組合／耶麻郡猪苗代町川上
	車：磐越自動車道猪苗代磐梯高原I.Cから15分　鉄道：JR磐越西線猪苗代駅からタクシーで20分		
翁島温泉	単純炭酸鉄泉	痔、神経痛、リウマチ	玉の湯旅館／耶麻郡猪苗代町翁島
	車：磐越自動車道猪苗代磐梯高原I.Cから国道49号線経由で10分　鉄道：JR磐越西線翁島駅から徒歩10分		
押立温泉 （おったて）	単純泉	やけど、切傷、皮膚病、神経痛ほか	押立温泉旅館組合／耶麻郡猪苗代町押立
	車：磐越自動車道猪苗代磐梯高原I.Cから国道49号線を20分　鉄道：JR磐越西線翁島駅からタクシーで10分		
西久保温泉	単純硫化泉	高血圧症、動脈硬化、糖尿病、婦人病	亀屋旅館／耶麻郡猪苗代町大字磐根字草湯戸643
	車：磐越自動車道猪苗代磐梯高原I.Cから15分　鉄道：JR磐越西線翁島駅から徒歩20分		
志田浜温泉	単純温泉	一般適応症	レイクサイド磐光／耶麻郡猪苗代町大字壷場字浜130-3
	車：磐越自動車道猪苗代磐梯高原I.Cから国道49号を5km　鉄道：JR磐越西線上戸駅から徒歩20分		
磐梯猪苗代はやま温泉	ナトリウム塩化物泉	創傷、やけど、皮膚病、婦人病ほか	猪苗代はやま温泉組合／耶麻郡猪苗代町字葉山
	車：磐越自動車道猪苗代磐梯高原I.Cから10分　鉄道：JR磐越西線猪苗代駅からタクシーで10分		
天鏡台温泉	ナトリウム塩化物、炭酸水素塩泉	神経痛、冷え性、皮膚病	猪苗代町観光協会／耶麻郡猪苗代町長田東中丸
	車：磐越自動車道猪苗代磐梯高原I.Cから15分　鉄道：JR磐越西線猪苗代駅からタクシーで10分		
国民宿舎翁島荘	—	—	国民宿舎翁島荘／耶麻郡猪苗代町翁沢御殿山
	車：磐越自動車道猪苗代磐梯高原I.Cから国道49号線を8km　鉄道：JR磐越西線猪苗代駅からバスで15分、長浜下車徒歩5分		
猪苗代温泉	アルカリ性単純温泉	神経痛、筋肉痛、関節痛、五十肩ほか	ホテルリステル猪苗代／耶麻郡猪苗代町リステルパーク
	車：磐越自動車道猪苗代磐梯高原I.Cから10分　鉄道：JR磐越西線猪苗代駅から無料送迎バスで15分（問）		

●会津坂下町

洲走の湯	アルカリ温泉	神経痛、リウマチ、胃腸病ほか	洲走の湯／河沼郡会津坂下町片門
	車：磐越自動車道会津坂下I.Cから国道49号経由で5分　鉄道：JR只見線会津坂下駅からタクシーで15分		

●柳津町

柳津温泉	塩化物泉	末梢循環障害、切傷、やけどほか	柳津温泉旅館組合／河沼郡柳津町大字柳津字諏訪町
	車：磐越自動車道会津坂下I.Cから5分　鉄道：JR只見線会津柳津駅から徒歩5分		

会津の温泉・入浴施設一覧

名称	泉質 交通	効能	連絡先／温泉

●会津若松市

名称	泉質 交通	効能	連絡先／温泉
東山温泉	硫酸塩泉	切傷、慢性皮膚炎、高血圧ほか	東山温泉旅館協同組合／会津若松市東山町湯本
	車：磐越自動車道会津若松I.Cから20分　鉄道：JR磐越西線会津若松駅から東山温泉行きバスで20分、終点下車		
芦ノ牧温泉	ナトリウム・カルシウム―硫酸塩	動脈硬化症、切傷、やけどほか	芦ノ牧温泉旅館協同組合／会津若松市大戸町芦ノ牧
	車：磐越自動車道会津若松I.Cから40分　鉄道：会津線芦ノ牧温泉駅から徒歩10分		
会津神指温泉	ナトリウム―塩化物泉	慢性消化器病、虚弱児童ほか	大江戸温泉物語あいづ／会津若松市神指町北四合字東神指77-1
(あいづこうざし)	車：磐越自動車道会津若松I.Cから5分　鉄道：JR磐越西線会津若松駅からバスで20分、ふくしの家入り口下車		
会津若松駅前温泉	ナトリウム・カルシウム―塩化物・硫酸塩泉		日帰り天然温泉富士の湯／会津若松市駅前町2-13
	車：磐越自動車道会津若松I.Cから10分　鉄道：JR磐越西線会津若松駅から徒歩3分		
会津若松市北会津保健センター	(トロン温泉)	神経痛、腰痛、肩こり、冷え性ほか	ふれあいの湯／会津若松市北会津町大字下荒井字矢倉林1
ふれあいの湯	車：磐越自動車道会津坂下I.Cから5分　鉄道：JR只見線会津高田駅または会津本郷駅下からタクシーで10分		

●喜多方市

名称	泉質 交通	効能	連絡先／温泉
喜多方温泉	単純食塩泉	神経痛、打ち身、五十肩	おさらぎの宿／喜多方市岩槻町宮津字惣社原4113-1
	車：磐越自動車道会津若松I.Cから10分　鉄道：JR磐越西線喜多方駅からタクシーで約15分		
蔵の湯	炭酸カルシウム、単純温泉	慢性皮膚病、慢性関節リウマチほか	蔵の湯／喜多方市松山町鳥見山三町歩5598-1
	車：磐越自動車道会津若松I.Cから40分　鉄道：JR磐越西線喜多方駅からタクシーで20分か、熱塩温泉行きバスで30分、喜多の蔵下車		
熱塩温泉	塩化物泉	一般適応症、婦人病、切傷ほか	熱塩温泉旅館組合／喜多方市熱塩加納町大字熱塩
(あつしお)	車：磐越自動車道会津若松I.Cから30分　鉄道：JR磐越西線喜多方駅から熱塩温泉行きバスで25分、終点下車		
日中温泉	含土類食塩泉	切傷、やけど、慢性婦人病ほか	ゆもとや／喜多方市熱塩加納町大字熱塩字大畑29
(にっちゅう)	鉄道：JR磐越西線喜多方駅から30分		
熱塩加納保健福祉センター	硫酸塩泉	神経痛、慢性皮膚病ほか	「夢の森」／喜多方市熱塩加納町米岡下平乙609
「夢の森」	車：磐越自動車道会津若松I.Cから40分　鉄道：JR磐越西線喜多方駅から熱塩温泉行きバスで30分、夢の森下車		
いいでの湯	ナトリウム塩化物・硫酸塩泉	創傷、神経痛、慢性皮膚病ほか	いいでの湯／喜多方市山都町一ノ木字越戸乙3876-4
	車：磐越自動車道会津坂下I.Cから40分　鉄道：JR磐越西線山都駅からタクシーで15分		
いいで荘	(ハーブの湯)	—	いいで荘／喜多方市山都町大字小舟寺字二ノ坂山2619-1
	車：磐越自動車道会津若松I.Cから40分　鉄道：JR磐越西線山都駅から徒歩30分		
ふれあいランド高郷	アルカリ性単純温泉	神経痛、切傷、やけどほか	ふれあいランド高郷／喜多方市高槻町揚津字袖山甲3054-9
	車：磐越自動車道会津坂下I.Cから25分　鉄道：JR磐越西線荻野駅から送迎あり（問）		

●西会津町

名称	泉質 交通	効能	連絡先／温泉
あいづ野沢温泉	食塩泉	やけど、皮膚病、筋肉痛ほか	クアホテル天寿の湯／耶麻郡西会津町野沢
	車：会津若松市内より60分　鉄道：JR磐越西線野沢駅から徒歩20分		
ロータスイン	ナトリウム塩化物泉	神経痛、筋肉痛、皮膚病ほか	ロータスイン／耶麻郡西会津町登世島字下小島187
	車：磐越自動車道西会津I.Cから5分　鉄道：JR磐越西線野沢駅からタクシー5分		

●北塩原村

名称	泉質 交通	効能	連絡先／温泉
裏磐梯早稲沢温泉	カルシウム・ナトリウム硫酸塩泉	神経痛、リウマチ、切傷ほか	裏磐梯早稲沢温泉組合／耶麻郡北塩原村大字桧原字早稲沢
	車：磐越自動車道猪苗代磐梯高原I.Cから40分　鉄道：JR磐越西線猪苗代駅から磐梯高原行きバスで50分、早稲沢下車		
大塩裏磐梯温泉	ナトリウムカルシウム塩化物温泉	神経痛、皮膚病、婦人病ほか	大塩裏磐梯旅館組合／耶麻郡北塩原村大字大塩字中島道北
	車：磐越自動車道猪苗代磐梯高原I.Cから40分　鉄道：JR磐越西線猪苗代駅から大塩行きバスで30分		

名称	泉質 交通	効能	連絡先／温泉

●下郷町

湯野上温泉	単純温泉	胃腸疾患、こわばり、皮膚病、疲労回復	湯野上温泉旅館組合／南会津郡下郷町湯野上
	車：磐越自動車道会津若松I.Cから国道118号線を経由で60分　鉄道：会津線湯野上温泉駅下車		
弥五島温泉 郷の湯	アルカリ性単純泉	一般適応症、胃腸病ほか	下郷町観光公社／南会津郡下郷町大字落合字左走808-1
	車：磐越自動車道会津若松I.Cから国道118号線を経由で60分　鉄道：会津線湯野上温泉駅下車		

●南会津町

滝ノ原温泉	単純泉	湿疹、神経障害、婦人病	三滝温泉／南会津郡南会津町滝ノ原
	車：会津若松市街から国道118号線を90分　鉄道：会津線会津高原尾瀬口駅から徒歩5分		
会津高原温泉	単純泉		夢の湯／南会津郡南会津町滝ノ原
	車：会津若松市街から国道118号線を90分　鉄道：会津線会津高原尾瀬口駅から徒歩3分		
木賊温泉	単純温泉	胃腸病、神経痛、関節痛	舘岩村観光協会／南会津郡南会津町大字宮里
	車：磐越自動車道会津若松I.Cから120分　鉄道：会津線会津高原尾瀬口駅からタクシーで50分		
湯ノ花温泉	単純温泉	胃腸病、神経痛、皮膚病ほか	舘岩村観光協会／南会津郡南会津町大字湯ノ花
	車：磐越自動車道会津若松I.Cから国道118、121、352号線経由で90?120分　鉄道：会津線会津高原尾瀬口駅からタクシーで40分		
たかつえ温泉	アルカリ性単純温泉	神経痛、関節痛、冷え性、やけどほか	会津アストリアホテル／南会津郡南会津町高杖原535
	車：会津若松市街から120分　鉄道：会津線会津高原尾瀬口駅からバス25分		
山口温泉	ナトリウム―塩化物泉（純食塩泉）	切傷、やけど、慢性皮膚病ほか	山口温泉きらら289／南会津郡南会津町山口橋尻1
	車：会津若松市街から90分　鉄道：会津線会津田島駅からバスで50分		
さかい温泉	硫酸塩泉	神経痛、運動器障害ほか	さかい温泉星の郷ホテル／南会津郡南会津町界上の山4308-27
	車：会津若松市街から90分　鉄道：会津線会津田島駅からバスで55分、山口車庫下車、只見行きバス乗換10分、界温泉入口下車		
古町温泉	ナトリウム塩化物泉	一般適応症、肩こり、切傷	赤岩荘／南会津郡南会津町古町太子堂186-2
	車：磐越自動車道会津若松I.Cから120分　鉄道：会津線会津田島駅からバスで60分		
小豆温泉	単純温泉	一般適応、神経痛、筋肉痛ほか	窓明の湯／南会津郡南会津町大桃字平沢山1041-3
	車：磐越自動車道会津若松I.Cから150分　鉄道：会津線会津高原尾瀬口駅からタクシーで60分		
			花木の宿／南会津郡南会津町大桃字平沢山1041-1

●檜枝岐村

渋沢温泉 （しぼさわ）	食塩重曹泉	一般適応症、切傷、皮膚病ほか	渋沢温泉／南会津郡檜枝岐村渋沢
	尾瀬御池から裏燧林道を徒歩120分		
檜枝岐温泉 （ひのえまた）	単純泉	リウマチ、神経麻痺、運動器障害	尾瀬檜枝岐温泉観光協会／南会津郡檜枝岐村
	車：磐越自動車道会津若松I.Cから120分　鉄道：会津線会津高原尾瀬口駅からタクシーで90分		
森の温泉館 アルザ尾瀬の郷	アルカリ性単純泉	神経痛、関節痛、疲労回復ほか	森の温泉館アルザ尾瀬の郷／南会津郡檜枝岐村字見通り
	車：磐越自動車道会津若松I.Cから120?150分　鉄道：会津線会津高原尾瀬口駅からバスで75分		

●只見町

只見温泉	弱食塩泉	リウマチ、運動器障害ほか	只見温泉保養センター／南会津町只見町大字只見字新屋敷下
	鉄道：JR只見線只見駅から徒歩10分		
深沢温泉	ナトリウム塩化物硫酸塩泉	慢性皮膚病、疲労回復、筋肉痛ほか	季の郷湯ら里／南会津郡只見町長浜上平50
	車：磐越自動車道会津坂下I.Cから国道252・289号経由で150分　鉄道：JR只見線只見駅からタクシーで20分		

会津の温泉・入浴施設一覧

名称	泉質 交通	効能	連絡先／温泉
西山温泉	硫化水素泉	切傷、喘息、慢性皮膚病ほか	西山温泉組合／河沼郡柳津町大字五畳敷字老沢
	車：磐越自動車道会津坂下I.Cから国道252号線経由で25分　鉄道：JR只見線会津柳津駅からタクシーで30分		
つきみが丘 町民センター	ナトリウム塩化物泉	やけど、リウマチ、神経痛ほか	つきみが丘町民センター／大沼郡柳津町諏訪町甲61-2
	車：磐越自動車道会津坂下I.Cから10分　鉄道：JR只見線会津柳津駅から徒歩20分		

●会津美里町

新鶴温泉	アルカリ性単純泉	神経痛、筋肉痛、関節痛ほか	新鶴温泉健康センター／会津美里町鶴野辺字上長尾2347-40
	車：磐越自動車道会津若松I.Cから20分　鉄道：JR只見線根岸駅から徒歩15分またはJR磐越西線会津若松駅から新鶴温泉行きバス終点下車		
高田温泉 あやめの湯	ナトリウム塩化物硫酸塩泉	創傷、やけど、慢性皮膚病ほか	高田温泉あやめの湯／会津美里町下堀中川360-1
	車：磐越自動車道会津若松I.Cから40分　鉄道：JR只見線会津高田駅からタクシー5分		
本郷温泉	硫酸塩泉	動脈硬化、慢性皮膚病、虚弱児童ほか	本郷温泉湯陶里／会津美里町六日町甲4106-1
	車：磐越自動車道会津若松I.Cから30分　鉄道：JR只見線会津本郷駅下車		

●三島町

早戸温泉	ナトリウム塩化物温泉	切傷、やけど、骨折、胃腸病ほか	つるの湯／大沼郡三島町大字早戸 竹の屋／大沼郡三島町大字早戸
	車：磐越自動車道会津坂下I.Cから国道252号を30分　鉄道：JR只見線会津早戸駅から徒歩15分		
宮下温泉	炭酸水素塩泉	神経痛、こわばり、筋肉痛、冷え性	栄光館／大沼郡三島町宮下 桐の里倶楽部／大沼郡三島町名入字上赤谷2042-1
	塩化物泉	神経痛、筋肉痛、関節痛ほか	ふるさと荘／大沼郡三島町上赤谷2437
	車：磐越自動車道会津坂下I.Cから20分　鉄道：JR只見線会津宮下駅から徒歩10分		

●金山町

会津川口温泉	ナトリウム―塩化物・硫酸塩泉	切傷、やけど、慢性皮膚病ほか	金山町観光協会／大沼郡金山町川口
	鉄道：JR只見線会津川口駅から徒歩5分		
小栗山温泉	ナトリウム―炭酸水素塩 塩化物・硫酸塩泉	切傷、やけど、慢性皮膚病ほか	民宿文伍／大沼郡金山町大字小栗山字五十苅1852
	鉄道：JR只見線会津川口駅からタクシーで10分		
大塩温泉 （共同浴場）	ナトリウム―塩化物・炭酸水素塩温泉	切傷、やけど、慢性皮膚病ほか	岩崎屋旅館／大沼郡金山町大塩
	鉄道：JR只見線会津大塩駅から徒歩15分		
玉梨八町温泉	ナトリウム―炭酸水素塩 塩化物・硫酸塩泉	切傷、やけど、慢性皮膚病ほか	旅館玉梨／大沼郡金山町大字玉梨
	車：磐越自動車道会津坂下I.Cから国道252号線、国道400号線経由で40分　鉄道：JR只見線会津川口駅からタクシー7分		
	含芒硝食塩泉、含土類食塩泉	皮膚病、神経痛、リウマチほか	恵比寿屋旅館／大沼郡金山町大字玉梨
湯倉温泉	ナトリウム・カルシウム―塩化物・硫酸塩温泉	神経痛、筋肉痛、関節痛ほか	鶴亀荘／大沼郡金山町大字本名上ノ坪1942
	車：磐越自動車道会津坂下I.Cから国道252号線を60分　鉄道：JR只見線会津本名駅から徒歩30分		
橋立温泉	単純温泉	切傷、やけど、慢性皮膚病ほか	金山町観光協会／大沼郡金山町越川
	鉄道：JR只見線会津本名駅から徒歩20分		

●昭和村

昭和温泉	ナトリウム―塩化物泉	切傷、やけど、慢性皮膚病ほか	昭和温泉しらかば荘／大沼郡昭和村野尻新町1266
	車：会津若松市街より60分　鉄道：JR只見線会津川口駅からバスで40分、しらかば荘前下車		

ただ入るだけではダメ！

オススメ入浴法

温泉のチカラを引き出そう

美肌

湯温は37~40℃。ゴシゴシ体を洗ってはいけません。高齢者・乾燥肌の人は、入浴後に保湿液を塗ります。

高血圧

入浴する時には、あらかじめ浴室を暖めておき、手足に念入りにお湯をかけます。38℃くらいが目安。42℃以上の熱いお湯、サウナ、標高の高い温泉地は避けましょう。

腰痛

38℃前後のぬるめのお湯につかり、浴槽の中で左右に腰を捻ったり、回したりします。入浴後、体が温まっているうちに、軽い腹筋運動や背筋運動を行います。

糖尿病

入浴前に水分補給をしておきます。十分にかけ湯をした後、42℃くらいの熱めのお湯に入るとインスリンの分泌が促進され、カロリーの消費量も増えます。5~8分位の入浴を3回繰り返します。午後8時頃が最もインスリンが分泌しやすいとされています。

入浴のルール

△宿に着いてすぐ入る

宿に到着したら、すぐにお風呂に入りたいところ。でもちょっと待ってください。お茶でも飲んで30分くらい休んでから入浴しましょう。

△食事の直前や直後に入る

入浴すると全身の血行がよくなり、胃腸に回るべき血液が不足しがちになります。食事の直前や直後の入浴は消化不良の原因になります。

×長湯

湯船に体を沈めると水圧がかかり血液が心臓に集まって呼吸数が増加します。心地いい刺激でも心肺機能の弱い人には負担になります。健康な人でも、汗がふき出たり動悸が激しくなるほどの長湯は危険です。飲酒後やスポーツした直後の入浴は控えましょう。

△繰り返して何度も入る

「せっかく温泉にきたから」と度を超して何度も入るのはNG。1日3回程度が目安です。ぬるいお湯や半身浴、寝湯などはこの限りではありません。

○かけ湯

冷たい体をいきなり温めると、血圧が急上昇して危険です。かけ湯は体の末端から順次に行い、少しずつ温泉の温度に慣らしていくことが大切です。特に冬場や湯温が高い時には、意識してかけ湯を念入りにしましょう。

○半身浴

かけ湯が終わったら静かに湯船に入ります。最初から全身をお湯に入れず、体の半分の高さまで入ると無理がかかりません。

△シャワーを浴びる

あがり湯として水道のお湯をかけたりシャワーを浴びるのが習慣となっているようですが、温泉の効果があるようにそのまま拭いて上がりましょう。泉質にもよるので施設の人に確認を。

○自然の風で涼む

温泉で温まったからといって、冷房や扇風機は冷やし過ぎ。できれば自然の風で涼みましょう。湯上がりは爽快でも思った以上に疲れているものです。水分補給をして30分くらいは横になってゆっくり休みます。

企画
歴史春秋出版株式会社

編集・取材
木村佐季子　佐藤萌香
土谷悠作　吉田利昭
菊地悦子　藤田美佳
宮森光子（株式会社アクティア）
鈴木里美（へるめす編集工房）

表紙・扉デザイン
木村佐季子
村岡あすか

組版
バンナイ

表紙写真
中ノ沢温泉ボナリの森　露天風呂

裏表紙写真
湯野上温泉こぼうしの湯 洗心亭　露天風呂

参考文献

『会津温泉図鑑2015』あいづふるさと市町村圏協議会刊
『温泉　体にいい湯いい宿』歴史春秋社刊
『湯ら湯ら帖』歴史春秋社刊
『歴春ふくしま文庫100 ふくしまの温泉と文人墨客』髙橋八重子　歴史春秋社刊
『会津に伝わるむかし話』逢澤紀孝　歴史春秋社刊

資料協力
東山温泉観光協会
芦ノ牧温泉観光協会

温泉 onsen 会津編

2016年１月21日　初版発行
2018年10月11日　第３刷発行
2023年７年29日　第４刷改訂新版

発行人
阿部隆一
発行所
歴史春秋出版株式会社
〒965-0842
福島県会津若松市門田町中野字大道東8-1
TEL 0242-26-6567
印刷
北日本印刷株式会社
製本
羽賀製本所